Theodor Storm

Der Schimmelreiter

INTERPRETATION

von MANFRED EISENBEIS

STARK

Bildnachweis
Umschlagbild: © Guido Franz: Der Schimmelreiter, http://www.guidoart.de
Seite 4, 9, 10: © Theodor-Storm-Gesellschaft, Husum
Seiten 25: © dpa
Seite 48: ddp images
Seite 59: picture alliance/kpa

© 2018 Stark Verlag GmbH
www.stark-verlag.de

Inhalt

Vorwort

Einführung 1

Der Dichter und sein Werk 3
1 Literarische Hintergründe 3
2 Theodor Storm: Leben und Werk............................ 4
3 Entstehung der Novelle 6

Aufbau und Inhalt 11
1 Übersicht über den Aufbau 11
2 Gang der Handlung 14

Textanalyse und Interpretation 33
1 Die Personen 33
2 Der Einzelne und die Gemeinschaft 50
3 Mensch und Natur 54
4 Vernunft und Aberglaube 56
5 Erzählweise 63
6 Motive und Symbole 69
7 *Der Schimmelreiter* als Novelle 74
8 Interpretation von Schlüsselstellen 76

Werk und Wirkung 81

Literaturverzeichnis 85
Anmerkungen 87

Autor: Manfred Eisenbeis

Vorwort

Liebe Schülerin, lieber Schüler,

bei älteren Texten wie Theodor Storms 1888 veröffentlichter Novelle *Der Schimmelreiter* ist es besonders sinnvoll, zu ihrem Verständnis Hilfen zu benutzen, weil dem heutigen Leser die vergangene Zeit und die damaligen Verhältnisse auf den ersten Blick fremd erscheinen mögen. Meist kann er erst dadurch die Bedeutung und den Reichtum des literarischen Kunstwerks voll und ganz erschließen.

Die folgenden Ausführungen wollen eine solche Hilfe sein. Im ersten Hauptteil wird ein kurzer **Überblick über den literarischen Hintergrund** gegeben, der Storms Werk beeinflusst, bevor auf sein **Leben** selbst und sein **Werk** knapp eingegangen wird. Es folgen Informationen zur **Entstehung** der Novelle und ihren **Quellen**.

Im zweiten Hauptteil wird anhand des Aufbaus des Textes der **Gang der Handlung** erarbeitet. Die eigentliche **Interpretation** erfolgt im längeren dritten Hauptteil. Hier werden zuerst die **Personen** vorgestellt, wobei versucht wird, ihr Verhalten und ihr Tun zu erklären. Daran schließt sich eine Darstellung wichtiger **Themen** an. Da die Form des Textes für das Verständnis bedeutsam ist, wird auch auf seine **Gestaltung** eingegangen. Gegenstand des abschließenden Teils ist die **Aufnahme und Wirkung** der Novelle bei Zeitgenossen und späteren Lesern sowie ein Überblick über die **Verfilmungen** des Werks.

Nun wünsche ich Ihnen viel **Freude bei der Lektüre**!

Manfred Eisenbeis

Manfred Eisenbeis

Einführung

Uns trennen über hundert Jahre vom Erscheinen von Storms Novelle *Der Schimmelreiter*. Noch immer wird sie gelesen, nicht nur in Deutschland, sondern auch im Deutschunterricht anderer Länder. Die Auflage geht in die Millionen und es gibt Übersetzungen in viele Sprachen, sogar ins Japanische.

Storm schrieb die Novelle für erwachsene Leser, aber seit vielen Jahrzehnten ist sie Schullektüre. Den meisten Schülern haften das Geschehen und der Held im Gedächtnis.

Die nachhaltige Wirkung der Novelle lässt **Fragen** entstehen: Wie kommt es, dass Storms letztes und umfangreichstes Werk einen solchen Erfolg hat? Wieso stößt eine Geschichte, die Mitte des 18. Jahrhunderts in einer dörflichen Gegend am Meer spielt und Ende des 19. Jahrhunderts geschrieben wurde, noch auf das Interesse heutiger Leser, denen die damalige Umwelt und die Umstände zum Teil völlig fremd sind?

Storm ist einer der bedeutendsten deutschen Erzähler des späten 19. Jahrhunderts. Aber das allein erklärt nicht den großen Leseerfolg und rechtfertigt nicht die heutige Beschäftigung mit ihm. Eine Fehldeutung muss vermieden werden: *Der Schimmelreiter* ist keine gruselige Gespenstergeschichte aus einer kuriosen alten Zeit, als noch keine Autos fuhren und es noch keine Computer gab. Was Storm in die Zeit um die Mitte des 18. Jahrhunderts zurückverlegt hat und in seinem letzten Lebensjahr seinen Lesern erzählt, ist eine eindrucksvolle Auseinandersetzung mit Problemen, die überzeitliche Bedeutung haben.

Was sind das für Probleme? Entsprechend der Mehrdeutigkeit des Textes, einem Merkmal anspruchsvoller Literatur, können unterschiedliche **Antworten** gegeben werden:

- Die Novelle setzt sich mit der Einsamkeit, Vergänglichkeit und dem Tod des Menschen auseinander.
- Sie zeigt die Bedeutung des Aberglaubens und des Fantastischen bei Einzelnen und in der Gesellschaft auf.
- Sie beschreibt das Ausgeliefertsein des Menschen an die Natur, seine Herausforderung durch ihre Gewalten und seine Antworten darauf: hilfloser Aberglaube und Festhalten am Althergebrachten einerseits und energisches Handeln mithilfe technischer Mittel andererseits.
- Sie problematisiert das soziale Verhalten des Menschen und zeigt, dass er nur in der Gemeinschaft und als Partner der Natur wirken kann.
- Sie stellt ewige menschliche Konflikte dar wie z. B. das Schwanken zwischen Selbstsucht und Selbstlosigkeit und die Auseinandersetzung des Einzelnen mit der Gesellschaft.

Diese Fragestellungen und Probleme betreffen den heutigen Menschen der Massengesellschaft und der technisierten Welt in besonderem Maße, weil er einerseits die Natur zu beherrschen glaubt und andererseits oft hilflos ihrer Macht ausgeliefert ist, wie Sturmfluten, Hochwasser, Vulkanausbrüche und Erdbeben zeigen.

Der Dichter und sein Werk

1 Literarische Hintergründe

Unter **literarischem Realismus** versteht man die wirklichkeitsgetreue Darstellung von Ereignissen, Personen und gesellschaftlichen Verhältnissen mit angemessenen, einfachen und genauen sprachlichen Mitteln. Diese Literaturepoche umfasst etwa die Zeit von 1848 bis 1890. Da sie vom Bürgertum getragen wurde und dessen Probleme darstellte, spricht man auch vom **bürgerlichen Realismus**. Ihr Ziel war die Gestaltung einer neuen Wirklichkeitserfahrung in der Folge des Aufschwungs der Naturwissenschaften und der rasch zunehmenden Technisierung um die Mitte des 19. Jahrhunderts.

Deutschsprachige Schriftsteller des Realismus sind Wilhelm Raabe, Adalbert Stifter, Gottfried Keller, Conrad Ferdinand Meyer, Theodor Fontane und Theodor Storm. Sie erreichen jedoch keinen solchen europäischen Rang wie der Engländer Charles Dickens, der Franzose Gustave Flaubert oder der Russe Fjodor Dostojewski. Ihr Realismus beschränkt sich oft auf die poetische Verklärung der gesellschaftlichen Wirklichkeit. Ist dies der Fall, spricht man vom **poetischen Realismus**. Seine Absicht ist es, die Wirklichkeit zum Sinnbild zu erheben.

Da der Schauplatz seines Werkes auf Schleswig-Holstein beschränkt ist, wird Storm zu seiner Zeit und auch später als Heimatdichter abgewertet. Dieser Vorwurf der Provinzialität trifft aber nicht auf seine Altersnovellen zu. In diesen geht es um den Untergang von Menschen im Kampf mit der Umwelt und den ererbten Anlagen sowie um ihre ethische Bewährung.

Realistisch an Storms Novelle *Der Schimmelreiter* sind die detailgenaue Beschreibung der Nordseeküste, die Charakterisierung der Personen und die dramatische Gestaltung des Kampfes gegen die Naturgewalten. Nicht in den realistischen Bereich gehört die Darstellung des Fantastischen und Irrationalen, die Storm von zeitgenössischen Kritikern verübelt wurde. Die Gestaltung dieser Themen war in der Literaturepoche der Romantik in der ersten Hälfte des 19. Jahrhunderts üblich gewesen.

2 Theodor Storm: Leben und Werk

Theodor Storm wird 1817 in der nordfriesischen Stadt Husum als Kind einer angesehenen bürgerlichen Familie geboren. Sein Vater ist Rechtsanwalt. Zu Beginn des 19. Jahrhunderts hatte Husum als Handelshafen Bedeutung, zur Zeit Storms ist es jedoch eine unbedeutende Kleinstadt geworden.

Theodor Storm 1886, zwei Jahre vor seinem Tod

Nach dem Besuch der Gelehrtenschule in Husum und dem Abitur in Lübeck (1835) studiert er in Berlin und Kiel Jura. In dieser Zeit beschäftigt er sich mit zeitgenössischer Literatur, u. a. mit Goethe, Heine, Eichendorff, Mörike. Schon früh schreibt er Gedichte, die auch veröffentlicht werden.

Storm eröffnet 1843 eine eigene Anwaltspraxis in Husum. 1846 heiratet er seine Cousine Constanze Esmarch. Ein Jahr später beginnt er eine Liebesbeziehung mit Dorothea Jensen, die er 1866, ein Jahr nach Constanzes Tod, heiratet. Mit Constanze hat er sieben Kinder, mit Dorothea eines.

1848 beteiligt sich Storm an der Volkserhebung in Schleswig-Holstein gegen Dänemark, das beide Herzogtümer annektieren will. Er tritt für die Selbstständigkeit seines Landes ein und erhält deshalb 1852 von der dänischen Regierung Berufsverbot. 1853 geht er als Assessor in die preußische Stadt Potsdam, 1856 als Kreisrichter nach Heiligenstadt in Thüringen. Erst nach der Niederlage Dänemarks 1864 im Krieg gegen Österreich und Preußen und der endgültigen Loslösung der Herzogtümer von Dänemark kann Storm wieder nach Husum zurückkehren, wo er zum Landvogt (hier: Aufseher über das Rechtswesen) gewählt wird. Seine politischen Vorstellungen werden jedoch enttäuscht, da das Land statt von Dänemark jetzt von Preußen beherrscht wird. Nach der Auflösung der Landvogtei wird er Kreisrichter. 1880 lässt er sich vorzeitig pensionieren und zieht nach Hademarschen in seine „Altersvilla", wo er sich intensiv seiner literarischen Arbeit widmet.

1886 erkrankt Storm schwer, 1887 erfährt er, dass er Magenkrebs hat. In diesem Jahr feiert er noch unter großer öffentlicher Anteilnahme seinen siebzigsten Geburtstag. Storm stirbt am 4. Juli 1888 und wird in Husum beigesetzt. „Unter dem Klang der Glocken wurde der Sarg still hinabgesenkt. Kein Wort wurde gesprochen, kein Geistlicher war dem Sarg gefolgt, so hatte Theodor Storm es zu seinen Lebzeiten bestimmt."[1]

Storm beginnt als **Lyriker**, bevor er sich als **Novellist** einen Namen macht, und steht mit vielen bedeutenden Dichtern seiner Zeit wie Gottfried Keller und Theodor Fontane in engem Kontakt. Er schreibt außer Natur- und Liebeslyrik auch politische Gedichte. In seinen Naturgedichten sieht er die heimatliche Landschaft vielfach als Spiegel der Vergänglichkeit. In den frühen Novellen, den so genannten Erinnerungsnovellen, die Storm einer breiten Leserschaft bekannt machen, schwingt stets ein lyrischer Ton mit, manchmal sind Gedichte eingestreut. Im Erinnern an schönere Zeiten will er die Vergänglichkeit aufhalten. Insgesamt verfasst Storm ungefähr sechzig Novellen.

In seinen späteren Novellen wendet sich Storm **realistischen Themen** und psychologischen Problemen zu: in *Hans und Heinz*

Kirch (1881/82) dem Vater-Sohn-Konflikt, in *Zur Chronik von Grieshus* (1883/84) dem Thema der feindlichen Brüder, in *John Riew* (1883/84) dem Thema der Vererbung und der Trunksucht, in *Ein Fest auf Haderslevhus* (1885) der außerehelichen Liebe, in *Ein Bekenntnis* (1887) dem Euthanasieproblem. Storm verwendet oft die Form der Chroniknovelle, in der Geschichtliches und Sagenhaftes meist in altertümlichem Stil dargestellt werden. Dies ist z. B. der Fall in *Aquis submersus* (1875/76), in *Renate* (1877/78) und auch teilweise im *Schimmelreiter* (1888).

3   Entstehung der Novelle

Entstehung

Der Schimmelreiter ist Storms **letzte und größte Erzählung**. Schon 1885 hat er Pläne zur Gestaltung einer „gewaltigen Deichsage"[2], wie er seiner Tochter Lisbeth am 20. Februar schreibt. Er besucht die Familie eines schleswig-holsteinischen Baurats, um sich über die technischen Voraussetzungen zum Deichbau zu informieren. Zur Niederschrift kommt es zunächst nicht: „Vor der Deichnovelle habe ich einige Furcht"[3], schreibt er im Januar 1886 und arbeitet derweil an anderen Erzählungen.

Storm beginnt im Sommer 1886 mit der Niederschrift, kann aber wegen seiner Krankheit die Arbeit erst im Februar 1887 wieder aufnehmen. Obwohl sich sein Gesundheitszustand verschlechtert, beendet Storm am 9. Februar 1888 das Manuskript. Die Novelle erscheint im April/Mai 1888 in einer Zeitschrift und noch im gleichen Jahr in einer Buchausgabe, für die er selbst Korrektur liest und der er Worterklärungen für „binnenländische Leser" anfügt. Aber diese Ausgabe erlebt Storm nicht mehr.

Möglicherweise ist die Beendigung der Erzählung nur einem „frommen Betrug Storms durch seine Familie zu verdanken"[4]. Storm weiß von seinem Hausarzt, dass er Magenkrebs hat. Die

Familie beschließt, ihm mithilfe einer Scheinuntersuchung durch zwei andere Ärzte eine leichtere Krankheitsursache vorzutäuschen. „Diese fromme Lüge war eine glückliche Lösung und schenkte dem Dichter noch einen heiteren Sommer", schreibt seine Tochter Gertrud. „Sie gab ihm die Kraft", seine Erzählung „in ungetrübter Geistesfrische zu beenden".[5]

Quellen

Storm war von Meer und Strand schon als Kind sehr beeindruckt. An einen Freund schreibt er 1843: „Immer, wenn ich abends und allein dagewesen, hat es in mir zu diesen unheimlichen Gestalten angesetzt, die in den mir über alles unheimlichen Deich- und Strandsagen ihre volle Verkörperung erhalten."[6]

Für seine Novelle hat er verschiedene Quellen herangezogen. Aus einer nordfriesischen Chronik von 1668 übernimmt er z.T. wörtlich Beschreibungen von Zeichen und Wundern. In der *Sammlung einiger Husumischer Nachrichten* von 1750 findet er einen Bericht über die große Sturmflut von 1756, welche den Schimmelreiter und seine Familie untergehen lässt. Für Hauke Haien dienen vier **historische Personen** als Vorbilder[7]:

- ein als „General-Deichgraf" in Schleswig-Holstein bekannter Holländer, der zu Beginn des 17. Jahrhunderts lebte und schon ein flacheres Deichprofil schuf,
- ein in dänischen Diensten stehender Deichgraf aus der Mitte des 18. Jahrhunderts, der wieder das in Vergessenheit geratene flache Deichprofil verwendete,
- der auch im *Schimmelreiter* genannte Bauernmathematiker Hans Mommsen, der in der zweiten Hälfte des 19. Jahrhunderts lebte und dessen Lebensgeschichte Storm kannte,
- ein Deichgraf aus dem 19. Jahrhundert, dessen Amtsbereich in Storms Heimat lag, der vom Pferd stürzte und ertrank.

Besonders deutlich ist der Einfluss verschiedener **Sagen** auf Storms Erzählung. Schon in seiner Kindheit hört Storm die Mär-

chenerzählerin Lena Wies von dem „gespenstischen Schimmelreiter" erzählen, der „bei Sturmfluten nachts auf den Deichen
gesehen wird und, wenn ein Bruch bevorsteht, mit seiner Mähre
sich in den Bruch hinabstürzt".[8] Motive, die in der Novelle vor-
kommen, finden sich in verschiedenen schleswig-holsteinischen Sagen, z. B. dass ein Lebewesen in den Deich eingegraben
werden müsse.

Die wichtigste Quelle für den *Schimmelreiter* stammt jedoch
nicht aus Storms Heimat Schleswig-Holstein, sondern von der
Weichsel: Das Reiseabenteuer *Der gespenstige Reiter* erscheint
am 14. April 1838 in der Zeitschrift *Danziger Dampfboot* und
wird im gleichen Jahr in der Zeitschrift *Pappes Hamburger Lese-
früchte* nachgedruckt, die Storm zu Beginn erwähnt, als er den
ersten Rahmenerzähler im *Schimmelreiter* sich zurückerinnern
lässt (vgl. S. 3). Storm schreibt: „Der Schimmelreiter, so sehr er
auch als Deichsage seinem ganzen Charakter nach hierher passt,
gehört leider nicht unserem Vaterlande, auch habe ich das
Wochenblatt, worin er abgedruckt war, noch nicht gefunden."[9]

Die Weichselsage vom *gespenstigen Reiter* enthält wie Storms
Novelle neben der eigentlichen Erzählung eine Rahmenerzäh-
lung, in der ein Reisender zu Pferde bei schlimmem Wetter dem
Schimmelreiter begegnet, in ein Gasthaus einkehrt und dort die
Geschichte vom Schimmelreiter erfährt. Dieser war ein tüch-
tiger Deichgeschworener, der einen Deichbruch nicht verhin-
dern konnte, sich aus Schuldbewusstsein mit seinem Pferd ins
Wasser stürzte und seitdem bei drohender Gefahr erscheint.
Storm verpflanzt diese Sage nach Nordfriesland und macht aus
der kurzen Kernerzählung eine ausführliche Erzählung.

Der Schauplatz des Geschehens

Storm vermeidet in seiner Novelle absichtlich die Nennung von
Ortsnamen. In einem Brief an Gottfried Keller schreibt er am
9. Dezember 1887, die Erzählung „spielt irgendwo hinter den

Deichen in der nordfriesischen Marsch". Besonders interessiert er sich für die Deiche und die Ortschaften Nordstrand und Husum, „wie es eben vor der großen Flut von Anno 1643 war".[10]

Storm macht im *Schimmelreiter* einige Angaben über die Örtlichkeit. Er lässt den zweiten Rahmenerzähler von einem Hof zur Stadt reiten, „zur Linken" die Marsch und „zur Rechten" das Wattenmeer. Weiter schreibt er, wegen des Unwetters könne er die „Halligen und Inseln" nicht sehen (S. 3 f.). Diese Angaben und einige andere Details sprechen dafür, dass Storm an die Landschaft nördlich von Husum denkt.

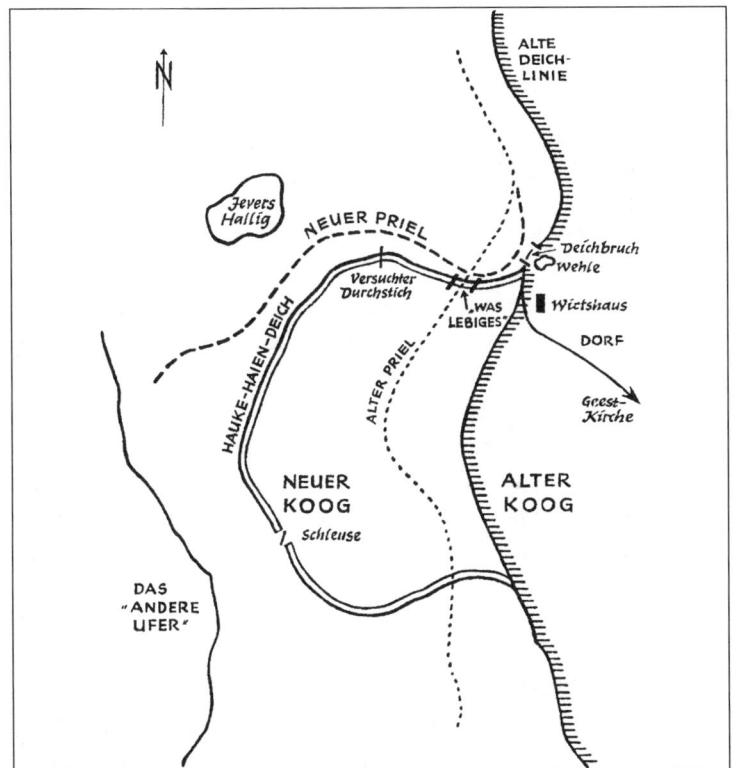

Der Schauplatz der *Schimmelreiter*-Novelle. Zeichnung v. K. E. Laage nach den Angaben in der Erzählung

Der „Nie koog" vor der Hattstedter Marsch auf einer Karte des Husumer Karto-
graphen J. Mejer aus Danckwerths „Landbeschreibung" von 1652 (Zustand vor der
Sturmflut von 1634)

Die Lage des neuen Kooges und des Hauke-Haien-Deiches wird
vom Erzähler schon vor der später berichteten Eindeichung
beschrieben (vgl. S. 69). Berücksichtigt man noch andere Orts-
angaben der Novelle und vergleicht sie mit einer alten Landkarte
von 1652, so findet man das Gebiet, das Storm vor Augen ge-
habt hat. Der Koog heißt auf der Karte „Nie koog", Neuer Koog,
und ist wohl der heutige **Hattstedter Koog** in der Hattstedter
Marsch nördlich von Husum. Auch die Größenangaben stim-
men ungefähr mit der Realität überein. Der 1961 vor dem Ort
Bongsiel eingeweihte „Hauke-Haien-Koog" ist jedoch nicht der
Koog, von dem in der Novelle die Rede ist. Er wurde in Erinnerung an die literarische Figur so benannt.

Man kann nicht einfach dem Gang des Geschehens auf der
Landkarte folgen. Der Leser kann aber erkennen, welche Orts-
vorstellungen Storm beim Schreiben leiteten.[11]

Aufbau und Inhalt

1 Übersicht über den Aufbau

Die Rahmen

Theodor Storm hat seine Erzählung in einer komplizierten Rahmen-Technik geschrieben. Man kann **drei Erzähler, drei Zeitebenen** und **zwei Rahmen** unterscheiden. Durch diese kunstvolle Verschachtelung wird der Leser tief in die Vergangenheit geführt, aus dem Ende des 19. in die Mitte des 18. Jahrhunderts. Sie veranlasst ihn einerseits zu der Meinung, historisch nachgewiesene Tatsachen zu erfahren, andererseits lässt sie ihn unentschieden zwischen Wirklichkeit und Fantasie zurück.

Der **äußere Rahmen** hat die Aufgabe, eine Erzählatmosphäre zu schaffen, den Leser zum Geschehen hinzuführen, ihn auf es einzustimmen und neugierig zu machen. Der zeitliche Abstand zur früheren Quelle und zum eigentlichen Geschehen macht schon die Problematik der Wahrheitsfindung deutlich.

Der **innere Rahmen** beinhaltet die Erzählung des Zeitschriften-Erzählers. Dieser berichtet von einer unheimlichen Begegnung auf einem Deich: In einer Sturmnacht glaubt er einen spukhaften Schimmelreiter zu sehen, der sich ins Meer stürzt.

In diesem zweiten Rahmen wird dem Leser die norddeutsche Landschaft mit ihren vom Meer bedrohten Marschen und Deichen eindrucksvoll vor Augen geführt. Das Erlebnis des Reisenden versetzt ihn aber auch in eine Stimmung des Abenteuerlichen und Geheimnisvollen. Dadurch wirkt die folgende „alte" Schimmelreitergeschichte wie die Wiedergabe von etwas Tatsächlichem.

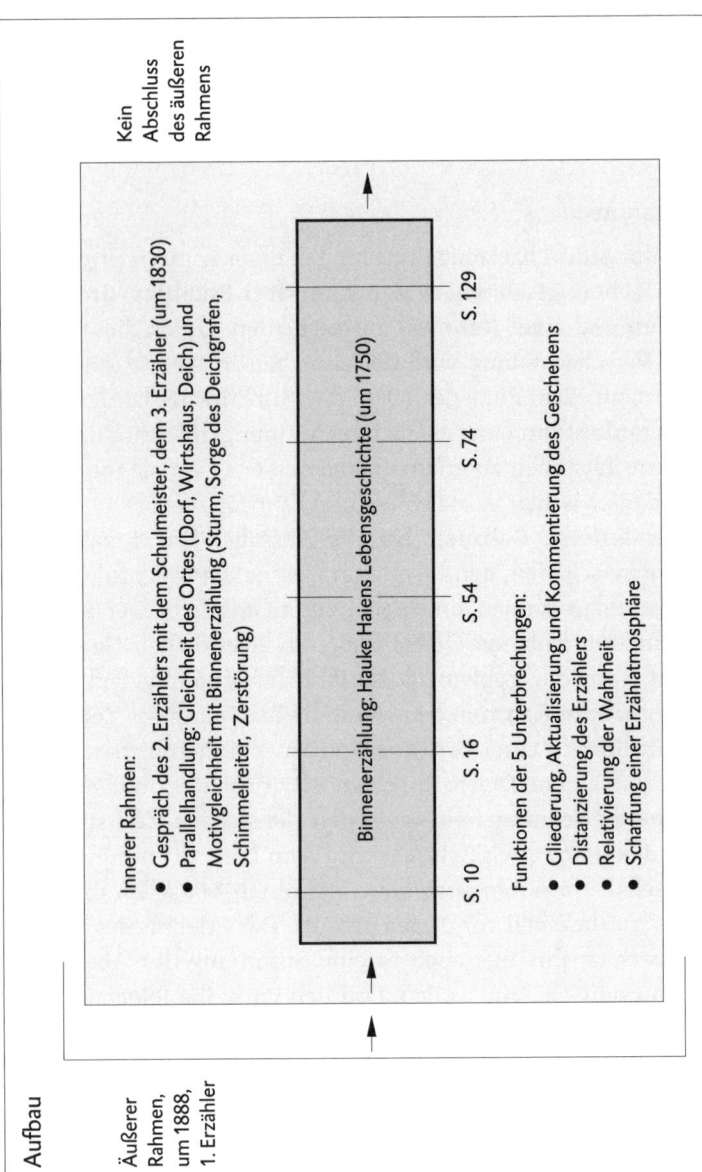

Aufbau

Äußerer
Rahmen,
um 1888,
1. Erzähler

Innerer Rahmen:
- Gespräch des 2. Erzählers mit dem Schulmeister, dem 3. Erzähler (um 1830)
- Parallelhandlung: Gleichheit des Ortes (Dorf, Wirtshaus, Deich) und
  Motivgleichheit mit Binnenerzählung (Sturm, Sorge des Deichgrafen,
  Schimmelreiter, Zerstörung)

Binnenerzählung: Hauke Haiens Lebensgeschichte (um 1750)

S. 10   S. 16   S. 54   S. 74   S. 129

Funktionen der 5 Unterbrechungen:
- Gliederung, Aktualisierung und Kommentierung des Geschehens
- Distanzierung des Erzählers
- Relativierung der Wahrheit
- Schaffung einer Erzählatmosphäre

Kein
Abschluss
des äußeren
Rahmens

Die Binnenerzählung

Der Bericht des **zweiten Erzählers** über seine Begegnung mit dem gespenstischen Reiter ist Anlass für einen **Schulmeister**, ihm eine Geschichte aus der Mitte des 18. Jahrhunderts zu erzählen. Die Entwicklung des Kleinbauernjungen **Hauke Haien**, der den Aufstieg zum Deichgrafen schafft, schließlich aber scheitert, ist das Thema der eigentlichen Handlung.

Die Binnenerzählung wird vom Innenrahmen fünfmal unterbrochen. Diese **Zäsuren** erfolgen einmal durch den Schulmeister selbst, aber auch durch das Erscheinen anderer Personen und durch deren Mitteilungen über das Geschehen in der Natur, die sich auf das Erlebnis mit dem Schimmelreiter beziehen und dieses sogar bestätigen.

Die **Rahmeneinschnitte** fallen nicht immer mit den wichtigsten **Einschnitten in Hauke Haiens Leben** zusammen, sondern oft mit Szenen, die den Übergang zum jeweils nächsten Hauptabschnitt bilden. So liegt der zweite Rahmeneinschnitt (S. 16) vor der Tötung des Katers, obwohl diese Szene Haukes Jugend abschließt (S. 26). Hauke beginnt jetzt mit seiner Lehrzeit beim Deichgrafen einen neuen Lebensabschnitt (S. 26–59), der mit der Verlobung mit Elke endet. Erst mit dem Tod des alten Deichgrafen und der Begräbnisfeier beginnt der große Lebensabschnitt (S. 59–111), in dem Hauke Deichgraf wird und sein Amt ausübt.

Dieser Lebensabschnitt endet nicht mit dem Einreichen der Deichbaupläne, sondern mit der Beendigung des Deichbaus. Mit dem Wendepunkt der Binnenhandlung, nämlich Haukes Krankheit, bzw. mit dem schicksalhaften Vorzeichen dieser Wende, dem schwachsinnigen Kind, beginnt der letzte große Abschnitt, die Geschichte vom Untergang Hauke Haiens und seiner Familie (S. 111 ff.).

Storm hat die formale Gliederung durch die Unterbrechungen nicht immer mit diesen eigentlichen Sinnabschnitten zusammengelegt, weil er das Auseinanderfallen seiner Geschichte vermeiden will. Aus Gründen der Übersichtlichkeit liegt der folgenden Inhaltsangabe jedoch die Einteilung zugrunde, die durch die Unterbrechungen bedingt ist (vgl. auch die grafische Übersicht auf S. 32 dieser Interpretationshilfe).

1. **Haukes Jugend** (S. 9–16): Wesen, Begabung und Verhalten.
2. **Hauke als Kleinknecht** (S. 17–54): Beziehungen zu Elke, zu Ole Peters und zu den Dorfbewohnern.
3. **Der Weg zum Amt** (S. 56–74): Ernennung zum Deichgrafen, wachsende Spannung zur Dorfbevölkerung, Härte gegenüber den Menschen und zunehmende Isolierung.
4. **Der Deichbau und die Folgen** (S. 75–129): Deichbau, Gegnerschaft der meisten Dorfbewohner und Andeutungen des späteren Unheils.
5. **Die Katastrophe** (S. 129–144): Unheilvolle Vorausdeutungen, Katastrophe, Untergang Haukes und seiner Familie.

2 Gang der Handlung

Äußerer Rahmen (S. 3)

In einem ersten, äußeren Rahmen, der am Ende nicht geschlossen wird, berichtet um 1888 ein Ich-Erzähler, hinter dem Storm selbst vermutet werden kann, davon, dass er eine Erzählung von vor über fünfzig Jahren wegen ihrer Besonderheit nie vergessen hat. Er hat sie als Kind um 1830 im Hause seiner Urgroßmutter in einem Zeitschriftenheft gelesen. An den genauen Titel der Zeitschrift kann er sich zwar nicht mehr erinnern, wohl aber an die idyllische Situation im Zimmer der alten Frau. Der Erzähler betont, dass er sich wegen der lange vergangenen Zeit nicht für die Wahrheit des Geschehens verbürgen könne.

Innerer Rahmen (S. 3–9)

Ritt des zweiten Erzählers durch die Marschlandschaft.
Der zweite Ich-Erzähler beginnt seinen Bericht mit einer Zeit- und einer Ortsangabe, die für das folgende Geschehen den Stimmungshintergrund bildet: In den dreißiger Jahren des 19. Jahrhunderts reitet er im Oktober bei stürmischem Wetter auf einem Deich durch die öde Marschlandschaft Nordfrieslands. Er kommt von einem Besuch und will am gleichen Tag noch in die Stadt, obwohl ihn seine Verwandten vor dem Wetter gewarnt haben.

Der unheimliche Reiter. Zweimal glaubt der einsame Reisende einer dunklen Gestalt auf einem lautlos dahinjagenden Schimmel zu begegnen, die sich an einer bestimmten Stelle ins Meer stürzt, der Bruchstelle des früheren Deiches, wie sich später herausstellt.

Im Gasthaus. Nach diesen Begegnungen gelangt der Reisende in ein Gasthaus, wo er auf eine Gesellschaft von Männern mit dem Deichgrafen an ihrer Spitze trifft. Sie haben sich wegen der drohenden Sturmflut versammelt, weil sie für den Schutz der Deiche verantwortlich sind.

Der Schulmeister. Als er diesen Männern sein Erlebnis berichtet, erschrecken sie. Offensichtlich kennen sie den geheimnisvollen Reiter, denn sie deuten seine Erscheinung als Warnung vor einem Deichbruch. Dieses Verhalten erweckt die Neugier des Reisenden. Das ist der Erzählanlass für den dritten Erzähler, den Schulmeister. Weil dieser glaubwürdig sei, wird der Reisende, der Näheres wissen will, an ihn verwiesen.

Binnenerzählung: Haukes Jugend (S. 9–10)

Mathematisches Interesse. Zuerst erzählt der Schulmeister von Haukes Kindheit. Dieser wird als Sohn eines Kleinbauern mit mathematischen Fähigkeiten geboren. Schon früh interessiert er sich für die Zeichnungen und Berechnungen des Vaters. Als dieser die Fragen seines Sohnes nicht mehr beantworten kann, verweist er ihn auf ein Buch des antiken Mathematikers Euklid, das allerdings nur in holländischer Sprache zur Verfügung steht. Um das Buch lesen zu können, studiert der Junge eine holländische Grammatik und kann mit deren Hilfe nach einiger Zeit den Euklid fast ganz verstehen.

Erste Unterbrechung (S. 10)

An dieser Stelle unterbricht der Schulmeister kurz seine Erzählung. Er betont die Wirklichkeitsnähe des Geschehens, indem er Hauke Haien mit einer realen zeitgenössischen Person vergleicht, mit dem Mathematiker Hans Mommsen.

Binnenerzählung: Fortsetzung von Haukes Jugend (S. 11–16)

Harte Arbeit. Der Schulmeister erzählt, wie Haukes Vater seinen Sohn zu harter Arbeit am Deich schickt, um ihn von seinen mathematischen Interessen abzulenken, denn er braucht als Bauer einen tüchtigen Mitarbeiter. Aber Hauke macht beides: Er karrt Erde an den Deich und studiert weiter das Werk Euklids. Wenn die Arbeit längst eingestellt ist, sitzt er noch am Deich und beobachtet die Wirkung des Meeres. Zu dieser Zeit merkt er, dass die vorhandenen Deiche verbesserungsbedürftig sind. Er vermutet jetzt schon, dass ein Deich mit sanftem Abfall zum Meer hin der Kraft der Wellen besser standhalten könnte.

Vereinsamung. Als dann im Winter die Deicharbeiten eingestellt werden, sitzt Hauke stundenlang bei jeder Witterung am Meer und beobachtet seine zerstörerische Wirkung am Deich. Zu Hause setzt er das Erkannte praktisch um: Er zeichnet und knetet Deichmodelle und sondert sich zunehmend von seinen Altersgenossen ab. Der Erzähler schildert dann Haukes Begegnungen mit geheimnisvollen Ereignissen. Angetriebene Leichen werden von der Bevölkerung für „Seeteufel" (S. 14) gehalten. Große Vögel im Nebel kommen Hauke vor wie „Seegespenster" (S. 16), gegen die er sich behaupten will.

Zweite Unterbrechung (S. 16 f.)

Diese spukhaften Vorgänge sind für den Schulmeister Anlass zu einer kurzen Unterbrechung. Er weist darauf hin, dass der menschliche Verstand nicht alles erklären kann. Wie um diese Aussage zu bestätigen, scheint es allen Männern in der Gaststube und auch dem Erzähler so, als ob draußen der Schimmelreiter vorbeireiten würde. Wirkliches Geschehen mischt sich mit Fantastischem.

Binnenerzählung: Hauke als Kleinknecht (S. 17–54)

In diesem relativ langen Abschnitt ohne Unterbrechung werden entscheidende Begebenheiten aus dem Leben Haukes erzählt, die seinen Charakter und sein Verhalten wesentlich prägen und für seine spätere Entwicklung von Bedeutung sind.

Die Tötung des Katers. Der Erzähler beginnt mit der Schilderung eines Vorfalls, der einmal Haukes Wesen verdeutlicht und außerdem das Ende seiner Jugend markiert: Hauke tötet in unbeherrschter Wut den Kater der alten Trin Jans, weil er ihm plötzlich seine Jagdbeute, einen Eisvogel, entreißt und ihn dabei verletzt. Die wunderliche alte Frau, für die das Tier die einzige Erinnerung an ihren ertrunkenen Sohn und Kind-Ersatz ist, verflucht ihn und geht mit dem toten Kater zu Haukes Vater, der ihr als Entschädigung Geld gibt.

Arbeit beim Deichgrafen. Dieser Vorfall zeigt Haukes Vater, dass sein Sohn erwachsen geworden ist, dass er deshalb das enge Haus verlassen und sich eine Lehrstelle suchen muss. Hauke ist der gleichen Meinung. Eine Phase seiner Entwicklung ist abgeschlossen. Er will seine Kraft „an [...] Arbeit auslassen" (S. 23) und hat vor, als Kleinknecht beim Deichgrafen Tede Volkerts zu arbeiten. Der Vater ist mit dieser Wahl einverstanden, wenn er auch nichts vom Deichgrafen hält und meint, dieser habe sein Amt nur aus Familientradition und wegen seines Besitzes bekommen und könne es nur mithilfe des Schulmeisters und seiner klugen Tochter Elke ordentlich führen.

Elke Volkerts. Bei dieser Gelegenheit wird Elke zum ersten Mal erwähnt. Wie Haukes Vater sagt, kann sie im Gegensatz zu ihrem bequemen und unfähigen Vater rechnen (vgl. S. 24). Als Hauke zu ihr kommt, erkennt sie seine Fähigkeiten und vermittelt ihm und seinem Vater am nächsten Tag ein Gespräch beim Deichgrafen. Die beiden Väter kommen überein und Hauke erhält die Stelle als Kleinknecht, auch weil der Deichgraf vom Schulmeister gehört hat, dass Hauke gut rechnen kann, und er sich deshalb Entlastung bei seinen Deichgeschäften verspricht.

Ole Peters. Hauke verrichtet seine neue Arbeit gern und zuverlässig. Aber er zieht sich die Feindschaft des ihm geistig unterlegenen Großknechts Ole Peters zu, weil er sich von ihm nicht herumkommandieren lässt. Außerdem muss der Großknecht manchmal Haukes Arbeit übernehmen, weil dieser dem Deichgrafen bei seinen Geschäften helfen soll. Deshalb schikaniert er ihn, aber es gelingt Elke oft, Hauke vor unzumutbaren Arbeiten zu schützen. Die beiden jungen Leute fühlen sich wegen ihrer gleichen Wesensart miteinander verbunden und mögen sich immer mehr. Auch dies stört Ole Peters, der sich selbst Hoffnungen auf Elke macht.

Haukes gute Arbeit. Die Spannungen zwischen Hauke und Ole Peters verstärken sich, je mehr der Deichgraf Hauke in die Organisation und in die Deichgeschäfte einbindet und der Großknecht dadurch stärker belastet wird. Den Deichgeschäften bekommt Haukes Tätigkeit allerdings gut. Er macht den Deichgrafen auf die Schlampereien der Dorfbewohner aufmerksam, die zu Schädigungen des Deiches führen. Dadurch kommt ein neuer Zug in die Verwaltung und der „alte Schlendrian" (S. 34) hat ein Ende.

Wegen Haukes guter Arbeit wird der alte Deichgraf vom Oberdeichgrafen gelobt und Elke gibt das Lob an den verlegenen

Hauke weiter. Manche Leute bedauern es, dass Hauke wegen seines geringen Besitzes kein Deichgraf werden kann. Aber er macht sich durch seinen Eifer und seine Genauigkeit bei vielen Dorfbewohnern unbeliebt und Ole Peters weist darauf hin, dass die scharfe Überwachung Hauke zu verdanken sei.

Winterfest und Tanzveranstaltung. Beim Winterfest des Dorfes – dem Eisboseln, einem Weitwurf-Wettspiel mit Holzkugeln, die mit Blei ausgegossen sind – drängt Elke den Zögernden zur Meldung. Ole Peters will Haukes Teilnahme mit dem Hinweis auf dessen soziale Stellung und den geringen Besitz seines Vaters unbedingt verhindern. Es gelingt ihm jedoch nicht, ihn auszuschließen, da ein anderer Hauke als den wahren Deichgrafen bezeichnet, den man nicht zurückweisen dürfe. Dank Elke, die Ole Peters davon abhält, ihn beim Wurf zu behindern, gewinnt Hauke das Spiel für die Marsch. Er wird als Sieger gefeiert und gehört jetzt zur Dorfgemeinschaft.

Beim anschließenden Fest tanzt Elke zu Haukes Erleichterung nicht mit Ole Peters, sondern fordert Hauke auf. Dieser lehnt allerdings ab, weil er fürchtet, sich zu blamieren. Während des Fests werden sich beide ihrer Zuneigung bewusst. Weil Hauke an Verlobung und Heirat denkt, kauft er einen Goldring für Elke. Im Bewusstsein seiner niedrigen sozialen Stellung wagt er allerdings nicht, um ihre Hand anzuhalten.

Tod des Vaters. Im Jahr nach dem Winterfest macht Ole Peters eine reiche Heirat, verlässt seinen Dienst beim Deichgrafen und Hauke wird Großknecht. Auch in dieser Funktion hilft er bei der Organisation der Deicharbeiten. Ein Jahr später kündigt er allerdings, da er seinem kranken Vater den Haushalt führen muss. Bevor dieser stirbt, sagt er seinem Sohn, er habe in seinen letzten Lebensjahren noch Land dazugekauft, weil er denke, Hauke sei für das Amt des Deichgrafen sehr geeignet. Nach Tede Haiens Tod schafft Elke ab und zu Ordnung in Haukes Haushalt. Umgekehrt hilft Hauke Elkes Vater weiter bei den Deichgeschäften.

Dritte Unterbrechung (S. 54 ff.)

Die dritte, längste Unterbrechung der Erzählung markiert einen wichtigen Einschnitt: Hauke steht vor der Phase seines Lebens, in der er persönlichen und beruflichen Erfolg hat. Diese Erzählpause hat die Aufgabe, durch Verzögerung des eigentlichen Geschehens die Erwartungshaltung des Lesers zu erhöhen. Begründet wird die Unterbrechung vom Erzähler durch Unruhe in der Gastwirtschaft. Ein Mann kommt herein und berichtet, er habe gesehen, dass sich der Schimmelreiter am „Hauke-Haien-Koog" (S. 55) in eine Bruchstelle des Deiches gestürzt habe. Der Deichgraf und andere Gäste wollen sehen, wo sich das drohende „Unheil" (S. 55) ereignen könne.

Damit wird zum ersten Mal der Hauke-Haien-Koog erwähnt, ohne dass der Leser allerdings weiß, was es damit auf sich hat. Der Schimmelreiter gewinnt eine immer größere Realität. Dass eine entscheidende Geschehensphase folgt, wird auch durch die Verlegung des Erzählortes deutlich, die eine zusätzliche Verzögerung bedingt. Der Schulmeister begibt sich mit seinem Zuhörer in die gemütliche Atmosphäre seiner Giebelstube im Haus. Hier, wo ungestörtes und konzentriertes Zuhören möglich ist, setzt er seinen Bericht über Hauke Haiens Leben fort.

Binnenerzählung: Der Weg zum Amt (S. 56–74)

Dieser Abschnitt der Schulmeister-Erzählung schildert Haukes beschwerlichen Aufstieg zum Amt des Deichgrafen, seine Heirat mit Elke und seine Pläne für einen neuen Deich.

Negative Entwicklung Haukes. Zu Beginn beschreibt der Erzähler Haukes innere Entwicklung. Dieser ist von den Worten seines sterbenden Vaters, er sei der Richtige für das Amt des Deichgrafen, so beeindruckt, dass diese Vorstellung bei ihm zu einer fixen Idee wird, obwohl er nicht genug Grundbesitz für dieses Amt aufzuweisen hat. Er weiß, dass er sich unter der Dorfbevölkerung durch seine straffe Verwaltung der Deichgeschäfte Feinde gemacht hat, und steigert sich in den Glauben hinein, man wolle ihn von diesem Amt fern halten. Vergrößert wird die Abneigung gegen die Dorfbewohner dadurch, dass sein alter Gegner Ole Peters durch seine Heirat mit der reichen Vollina Harders und eine Erbschaft ein wohlhabender Mann wird.

Die heimliche Verlobung. Bei einer Hochzeitsfeier streift Hauke Elke den Ring, den er nach dem Winterfest gekauft hat, unter dem Tischtuch über den Finger. Sie akzeptiert die heimliche Verlobung, bittet Hauke aber, mit der Heirat zu warten, bis ihr kranker Vater gestorben sei.

Ernennung zum Deichgrafen. Der Deichgraf stirbt. Sein Begräbnis und das anschließende Leichenmahl werden ausführlich geschildert, weil sich die Ereignisse überstürzen: Ein Nachfolger wird gesucht. Elke als Frau kommt nicht in Betracht. Der angesehene Deichgevollmächtigte Jeve Manners lehnt das Amt wegen seines fortgeschrittenen Alters ab. Der Pastor schlägt Hauke vor, weil dieser das Amt praktisch schon geführt habe. Als Hindernis sieht der Oberdeichgraf allerdings Haukes geringen Landbesitz.

In dieser Situation mischt sich Elke ein. Sie eröffnet den überraschten Männern, dass sie mit Hauke verlobt sei. Ihrem Vater habe sie dies verheimlicht, um ihn nicht zu beunruhigen. Sie werde Hauke schon vor der Hochzeit ihren gesamten ererbten Besitz übertragen. Damit steht seiner Ernennung zum Deichgrafen nichts mehr im Wege. Hauke ist am Ziel seines langjährigen Strebens.

Haukes Kränkung. Der Erzähler rafft das Geschehen der folgenden Jahre und beschreibt dann die neuen Verhältnisse: Hauke bewirtschaftet seinen Hof und kümmert sich mit Strenge, Hartnäckigkeit und Energie um die Deichgeschäfte, wobei er sich auch wegen der damit verbundenen Arbeit und Kosten bei den Dorfbewohnern unbeliebt macht. Viele neiden ihm seinen sozialen Aufstieg. Elke kümmert sich um die häusliche Arbeit.

Die Ehe bleibt kinderlos, aber trotzdem führen die beiden ein zufriedenes Leben.

Ole Peters sagt im Gasthaus, Hauke sei nur wegen seiner Frau Deichgraf geworden. Als Hauke dies hinterbracht wird, fühlt er sich in seinem Selbstwertgefühl getroffen und reagiert völlig unbeherrscht. Auch Elke kann ihn nicht beruhigen. Sein Ehrgeiz und sein Trotz sind herausgefordert: Er will allen beweisen, dass er allein wegen seines Könnens Deichgraf geworden ist.

Pläne zum Deichbau. Hauke erinnert sich an die Versuche seiner Kindheit und plant einen neuen Deich mit sanft abfallendem Profil als Beweis seiner technischen Fähigkeiten. Außerdem sieht er den wirtschaftlichen Vorteil, den der neue Deich mit sich bringt. Es entstünde so nämlich neues nutzbares Land im Meer, ein neuer Koog, von dem Hauke selbst profitieren würde, weil er die Anteile am Land hinter dem jetzigen Deich teils ererbt, teils von Ole Peters gekauft hat.

Elke erkennt die technischen, finanziellen und psychologischen Hindernisse eines solchen Projekts, eines Werkes „auf Tod und Leben" (S. 71). Die Planungen nehmen Haukes ganze Zeit in Anspruch, sodass er sich immer mehr von den anderen Menschen zurückzieht und auch für sie keine Zeit mehr hat. Der Erzählabschnitt endet mit der Eingabe der Deichpläne an den Oberdeichgrafen zur Genehmigung.

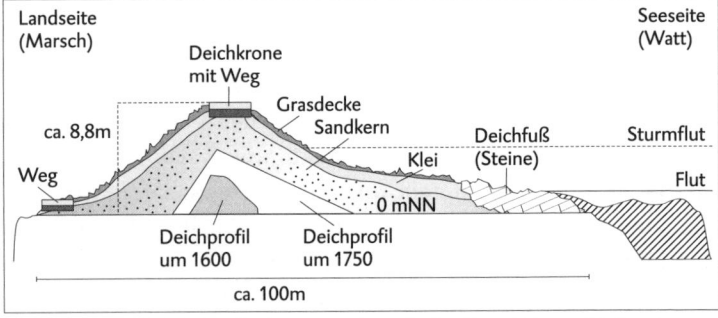

Deichprofil heute, zum Vergleich eingezeichnet die Profile in früheren Jahrhunderten

Vierte Unterbrechung (S. 74 f.)

Diese kurze Unterbrechung findet ungefähr in der Mitte der Novelle statt. Sie schließt den ersten, eher ruhig erzählenden Teil der Geschichte Hauke Haiens ab.

Binnenerzählung: Der Deichbau und die Folgen (S. 75–128)

Statt vom Deichbau ist zu Beginn dieses großen Abschnitts von Abergläubischem und Fantastischem die Rede. Dadurch stellt der Erzähler den Rahmen für das folgende Geschehen her und bereitet Haukes Dämonisierung vor.

Spuk. In einer Mondnacht glauben Carsten, Haukes Dienstjunge, und Iven Johns, Haukes Knecht, auf einer kleinen Hallig zu sehen, wie sich da, wo sonst ein Pferdegeripple liegt, ein Pferd bewegt. Sie bringen die Erscheinung mit dem Teufel in Verbindung und beschließen, genauer nachzuforschen.

In der nächsten Nacht wollen sie die Wirklichkeit der Erscheinung überprüfen. Der Dienstjunge fährt mit einem Boot zur Hallig, der Knecht bleibt am Ufer und beobachtet das Pferd, das auf die Ankunft Carstens zu reagieren scheint. Als dieser zurückkommt, sagt er allerdings, er habe nur das Pferdegeripple gesehen. Es muss sich also um eine optische Täuschung gehandelt haben. Als sie dann aber beide wieder die Pferdeerscheinung auf der Hallig zu sehen glauben, die sich bewegt, erfasst sie Entsetzen.

Schimmelkauf. Verstärkt wird die gespenstische Stimmung durch die Umstände, unter denen Hauke einen Schimmel kauft. Nachdem er vom Oberdeichgrafen die Baugenehmigung für den Deich erhalten hat, begegnet ihm unterwegs ein zwielichtig wirkender Mann mit einem völlig unansehnlichen Schimmel. Weil das Pferd noch jung ist, kauft er es. Das Unheimliche und Teuflische des Verkäufers wird noch durch sein Verhalten gegenüber Hauke nach dem Kauf verstärkt.

Erstaunlicherweise entwickelt sich der Schimmel unter Haukes Pflege prächtig. Er füttert ihn selbst. Das Pferd lässt nur ihn aufsitzen, während es den Knecht, der dies ebenfalls tun will, zur Seite stößt. Aufgrund dieses Verhaltens bringen die Knechte den Schimmel mit dem Teufel in Verbindung, vor allem weil das Pferdegerippe auf der Hallig verschwunden ist. Die Angst vor dem „Teufelspferd" (S. 87) und vor Hauke, der mit dem Teufel im Bunde zu sein scheint, bringt den Dienstjungen Carsten dazu, seine Stellung beim Deichgrafen zu kündigen und zu Ole Peters in den Dienst zu gehen.

Widerstand der Dorfbewohner. Die Verwirklichung seines Kindheitstraums vom sanft abfallenden Deich als besserem Schutz gegen das Meer ist Haukes Lebensziel. Aber die Gegnerschaft vieler Dorfbewohner gegenüber dem Deichgrafen und seinem Projekt wird zum Problem. In der Versammlung, in der sie über den Beschluss informiert werden, zeigen die Deichgevollmächtigten deutlich ihre ablehnende Haltung. Sie sind vom Sinn des neuen Deichprofils nicht überzeugt und scheuen Arbeit und Kosten des Baus. Außerdem sind sie dagegen, weil sie den Aufsteiger Hauke Haien nicht mögen. Nur Elkes Pate, der alte Jewe Manners, lässt sich von seinem Plan überzeugen, aber er kann die Versammlung nicht zur Zustimmung bewegen. Widerwillig nehmen die Deichgevollmächtigten zur Kenntnis, was auf sie zukommt.

In der nächsten Versammlung, als die Arbeit verteilt wird, ist die Reaktion der Bauern gemischt. Einige lassen sich von Haukes Argumenten überzeugen, andere beschweren sich darüber, dass sie keinen Vorteil vom neuen Deich hätten und trotzdem die Kosten mittragen müssten. Ole Peters setzt sich an die Spitze der Gegner und wirft Hauke eigennütziges Verhalten vor. Dieser habe Landanteile aufgekauft, auch die seinigen, weil er vorgehabt habe, den Deich zu bauen.

Hauke weist diese Anschuldigung zurück und betont, dass er damals noch nicht an einen Deichbau gedacht habe. Der Plan dazu sei in ihm erst entstanden, als ihm Ole Peters Unfähigkeit vorgeworfen habe. Dann erst habe er durch den Deichbau zeigen wollen, dass er die Fähigkeit zu diesem Amt habe. Diese geschickte Reaktion auf den Vorwurf bringt ihm den Beifall einiger Männer ein.

Der „Schimmelreiter". Die Arbeiten am Deich gehen nur mühsam voran. Hauke ist Tag und Nacht mit seinem Schimmel im Einsatz und wird für die Deicharbeiter zur dämonischen Figur des „Schimmelreiter[s]" (S. 95), was ihm aber verborgen bleibt. Sie fürchten ihn wegen seiner Erscheinung und der Verbundenheit mit dem eigenartigen Pferd und haben Angst vor ihm, weil er mit Härte auf Faulheit reagiert. Deshalb arbeiten sie meist nur widerwillig, auch wenn er sie lobt. Er kann ihr Verhalten nicht verstehen, da sie doch durch den Deichbau Arbeit haben und der Besitz der Bauern durch den neuen Deich sicherer ist und vergrößert wird.

In der Inszenierung von J. Simons am Hamburger Thalia Theater (2016) wird der zentrale Handlungsort, der Deich, mit einer schiefen Ebene auf die Bühne gebracht.

Geburt des Kindes. Elkes Krankheit. Ein großer Wunsch der Eheleute geht nach neun Jahren Ehe in Erfüllung: Sie bekommen ein Kind, ein Mädchen, das sie Wienke nennen. Allerdings gefällt der Hebamme schon bei der Geburt dessen merkwürdiges Schreien nicht. Elke, die lebensgefährlich am Kindbettfieber erkrankt, fantasiert und scheint Haukes Tod im Meer vorauszusehen.

Hauke erkennt, wie sehr er Elke braucht, und bittet Gott, sie ihm nicht zu nehmen. Allerdings bestreitet er in seinem Gebet Gottes Allmacht. Dies hört die Magd und verbreitet, Hauke sei ein „Gottesleugner" (S. 100). Abergläubische Dorfbewohner sehen diese Äußerung im Zusammenhang mit seinem merkwürdigen Schimmel und glauben Hauke mit dem Teufel im Bunde. Ihre Furcht vor ihm und ihre Abneigung ihm gegenüber werden größer. Mitglieder eines „Konventikels" bezeichnen ihn sogar als einen „Feind Gottes" (S. 101).

Elke überlebt. Hauke hängt mit zärtlicher Liebe an ihr und an seinem Kind. Aber der dauernde Kampf gegen den Widerstand der Dorfbewohner verändert ihn und lässt ihn einsam werden. Er reagiert auf seine Isolierung von der Gesellschaft der Dorfbewohner trotzig und abweisend. Auch seinem Gesinde gegenüber wird sein Verhalten strenger und Elke versucht, seine Schroffheit abzuschwächen.

Das verhinderte Hunde-Opfer. Die Deicharbeiten gehen langsam vorwärts, aber ein Rückschlag für Hauke tritt ein: Ole Peters wird anstelle des alten Jewe Manners Deichgevollmächtigter. Statt ermutigender Worte hört Hauke jetzt „unnötige Einwände" (S. 102), die den Fortschritt der Arbeit verzögern. Erholung und Entspannung findet er nur in seiner Familie. Aber Elke stellt mit Sorge fest, dass ihr Kind im Verhältnis zu anderen in seiner Entwicklung zurückgeblieben ist.

Bei den abschließenden Deicharbeiten muss bei stürmischem Wetter der gefährliche Priel gestopft werden (vgl. S. 104 ff.).

Dabei kommt es zu einem Zusammenstoß Haukes mit den Arbeitern. Sie wollen einem heidnischen Brauch folgen, auf den schon Elke hingewiesen hat: Sie meinen, nur wenn sie ein Lebewesen, einen Hund, in die Baustelle werfen, hätte der Deich Bestand. Als Hauke mit Mühe den Hund rettet, reagieren die Arbeiter hasserfüllt und drohend. Er befürchtet, dass sie die Arbeit niederlegen, und sieht sein Lebenswerk in Gefahr. Ein Freund des verstorbenen Jewe Manners bewegt sie jedoch zum Weiterarbeiten. Den Hund schenkt Hauke seiner Tochter als Spielkameraden.

Fertigstellung des Deiches. Das Ende der Deicharbeiten ist der Höhepunkt in Haukes Leben. Er erhält großes Lob von seinen Vorgesetzten. Endlich hat er die Anerkennung der Gesellschaft gefunden. Sein Stolz auf sein Lebenswerk wird jedoch maßlos, als er einmal hört, wie ein Arbeiter den neu gewonnenen Koog nicht mit seinem amtlichen Namen, sondern „Hauke-Haien-Koog" (S. 110) nennt. Hauke fühlt sich seinen Landsleuten weit überlegen und betrachtet den Deich als „achtes Weltwunder" (S. 110). Die Landanteile werden in Eigentum überführt, nur Ole Peters ist verbittert, da er sich verkalkuliert und seine Anteile an Hauke verkauft hat.

Trin Jans im Haus. Wieder kehrt Ruhe ein, aber es bleibt nicht bei der gelösten Stimmung, als Elke aus Mitleid die merkwürdige Trin Jans ins Haus holt, deren Angorakater Hauke einst erschlagen hat. Wegen ihrer Hinfälligkeit kann sie nicht mehr allein in ihrer Kate leben. Sie bringt ihre Lachmöwe Claus mit und kümmert sich rührend um Wienke und deren Hund. Sie ahnt das Leiden des Kindes und sieht dessen Schwachsinn als Strafe für den Vater an. Die Eltern gestehen sich diesen Zustand ihres Kindes erst nach längerer Zeit ein. Elke fragt sich, ob sie daran Schuld habe. Aber beide lieben ihr Kind so, wie es ist, und wollen gemeinsam ihr Schicksal als Gottes Willen tragen.

Das Mädchen bewundert seinen Vater grenzenlos. Auf seinen Ausritten nimmt Hauke es oft mit und versucht ihm beizubringen, dass sein Deich Sicherheit vor der Flut gewährt, die es in seiner Verwirrtheit voraussieht und vor der es Angst hat. Der starke Einfluss der abergläubischen Trin Jans auf seine Tochter ist Hauke nicht recht. Ihre Schauergeschichten von Wasserweibern und Seeteufeln sind ihm als aufgeklärtem Menschen verhasst und er verbietet ihr, sie Wienke zu erzählen, da sie dadurch noch ängstlicher wird.

Der Schaden am alten Deich. Die Bewegung hin zur Katastrophe wird durch Haukes schwere Erkrankung am Marschfieber, die er nur knapp überlebt, weitergeführt und verstärkt. Die Krankheit verändert sein Wesen und sein Verhalten. Elke stellt besorgt fest, dass er die Deichgeschäfte nicht mehr so ernst nimmt. Bei einem seiner Ausritte bemerkt Hauke mit Schrecken, dass an der Nahtstelle zwischen neuem und altem Deich durch die vorausgegangene Flut Schäden am alten Deich entstanden sind, weil er von Mäusegängen unterhöhlt ist. Hinzu kommt, dass dort jetzt der gefährliche Priel auftrifft.

Hauke weiß, was das bedeutet. Bei einer Flut würde der alte Deich an dieser Stelle brechen und der dahinter liegende alte Koog überflutet und vernichtet werden. Die einzige Möglichkeit, dies zu vermeiden, wäre ein Durchstechen des neuen Deiches. Die Katastrophe kann nur durch aufwendige Reparaturarbeiten verhindert werden.

Hauke berichtet Ole Peters und anderen Deichgevollmächtigten von seiner Beobachtung und von der Notwendigkeit einer gründlichen Reparatur. Ole Peters verweist auf die bisherigen Kosten des Deiches und bagatellisiert den Schaden. Er meint, dieser ließe sich mit geringen Mitteln ausbessern, und rät Hauke, ihn sich am nächsten Tag erneut anzusehen. Hauke erkennt den Widerstand gegen neue Arbeiten und Kosten, scheut den Konflikt und stimmt Ole Peters zu.

Verschweigen des Schadens. Elke gegenüber sagt er nichts von dem Deichschaden und seiner Unterredung im Gasthaus. Er befürchtet, sie werde ihm zur gründlichen Reparatur raten. Aber er fühlt sich zu schwach, diesem erwarteten Rat zu folgen und den erneuten Widerstand des Dorfes zu überwinden. Am nächsten Morgen, bei schönem Wetter, gewinnt er selbst die Überzeugung, dass kleinere Ausbesserungen den Schaden beheben würden. Diese erfolgen ohne Widerspruch des Dorfes. Aber sein schlechtes Gewissen treibt Hauke in der Folgezeit mehrmals an die gefährdete Stelle. Er ahnt die drohende Gefahr. Die ahnungslose Elke ist zufrieden, dass Hauke jetzt endlich im Einklang mit der Gemeinschaft lebt.

Fünfte Unterbrechung (S. 129)

Der Schulmeister unterbricht kurz seine Erzählung und verweist auf das Jahr 1756, in dem es eine historisch nachgewiesen furchtbare Sturmflut gab. Damit belegt er die Realität der folgenden Geschehnisse. Dieser letzte Einschub vor der Katastrophe stellt ein verzögerndes Moment dar und vergrößert die Spannung auf den Fortgang der Handlung.

Binnenerzählung: Die Katastrophe (S. 129–144)

Unheilvolle Vorzeichen. Im September des Jahres 1756 stirbt die alte Trin Jans, die für Wienke die Großmutter ersetzte. Im Sterben hat sie die Vision einer vernichtenden Sturmflut. Hauke ist tief besorgt und fragt sich, ob diese Vision vielleicht prophetischen Charakter habe. Aber es wird noch bedrohlicher. Die abergläubischen Angestellten Haukes berichten von unheilvollen Zeichen: Blut sei vom Himmel gefallen und Ungeziefer sei aufgetaucht. Auch Haukes Schimmel wird wieder in diese dämonischen Vorstellungen mit einbezogen. All dies wird im Dorf verbreitet und man befürchtet Unheil.

Die Sturmflut. Im Oktober bricht ein Sturm los, der immer stärker wird. Trotz des furchtbaren Unwetters reitet Hauke hinaus, um Maßnahmen zur Sicherung des Deiches und der Dorfbewohner zu treffen und zu überwachen. Er und Elke verabschieden sich, als wüssten sie, dass sie sich nicht mehr wiedersehen.

Auf diesem gefährlichen Ritt durch den Sturm zertritt der Schimmel aus Versehen die entflogene Möwe Claus, den Spielkameraden Wienkes, wie Hauke vermutet. Er sieht, dass die Dorfbewohner anfangen, sich und ihr Vieh in höhere Gegenden in Sicherheit zu bringen, und ist froh, dass seine Frau und sein Kind auf dem hoch gelegenen Hof sicher sind. Er ist der Überzeugung, dass der neue Deich der Sturmflut standhalten wird.

Durchstechen des Deiches. Aber Hauke muss feststellen, dass Arbeiter auf Anordnung seines alten Gegners Ole Peters dabei sind, in den neuen Deich eine Rinne zu graben, um so den alten Deich zu entlasten. Er sieht die Gefahr, dass dann der neue Koog überflutet wird. Da er sein Lebenswerk nicht opfern will, befiehlt er den Arbeitern aufzuhören. Diese weigern sich jedoch und bedrohen Hauke sogar.

Deichbruch. In dieser gefährlichen Situation bricht der alte Deich an der gefährdeten Stelle, an der er an den neuen stößt, und das Wasser überflutet den alten Koog. Die Arbeiter geben Hauke die Schuld am Deichbruch, weil er das Durchstechen des neuen Deiches verhindert hat. Hauke sieht als seine Hauptschuld an, dass er die gründliche Reparatur der von ihm entdeckten Schäden im alten Deich nicht durchgesetzt hat. Noch in dieser Situation ist er stolz darauf, dass sein Deich den Fluten standgehalten hat und standhalten wird, und nimmt sich vor, den durch den Deichbruch geschädigten Bauern beim Wiederaufbau zu helfen. Frau und Kind glaubt er in Sicherheit.

Tod der Familie. Eigener Tod. Aber er sieht zu seinem Entsetzen, dass Elke mit Wienke und dem Hund ihr sicheres Gehöft verlassen haben und in einem Wagen zu ihm auf den Deich wollen. Hilflos muss er zusehen, wie sie im tosenden Meer ertrinken. Daraufhin stürzt er sich mit dem Schimmel in die Wassermassen, die sein Dorf überfluten. Seinen freiwilligen Tod will er als Opfer für die Allgemeinheit verstanden wissen.

Innerer Rahmen: Ende der Erzählung (S. 144–146)

Wahrheit oder Aberglaube? Der Schulmeister beendet seine Geschichte. Er ergreift eindeutig Partei für Hauke Haien und weist darauf hin, dass dessen Lebenswerk, der Deich, noch heute steht. Gewissermaßen im Nachhinein habe der Deichgraf Recht bekommen, der seine abergläubischen Mitbürger an Können überragt habe. Zu seinen Lebzeiten sei er von ihnen nicht unterstützt und nach seinem Tod zum „Spuk und Nachtgespenst" (S. 145) verwandelt worden.

Parallelgeschehen. Der Erzähler erfährt vom heimkehrenden Deichgrafen, dass auf der anderen Seite der Deich gebrochen sei. Damit wird zum einen der Bogen zum Beginn geschlagen, als sich der gespenstische Reiter in den Deichbruch gestürzt hat. Zum anderen aber wird damit die Rahmenerzählung mit der Binnenerzählung verbunden.

Aktualisierung des Geschehens. Schrittweise wird so der Reisende und zweite Erzähler am Schluss wieder aus der Welt der Binnenerzählung und ihrer fernen Vergangenheit der Mitte des 18. Jahrhunderts in die Gegenwart der dreißiger Jahre des 19. Jahrhunderts zurückgeführt. Dies wird auch durch das Wegziehen der Wolldecke vom Fenster verdeutlicht: Die durch den Schulmeister vermittelte fiktive Welt der Binnenerzählung öffnet sich in die wirkliche, gegenwärtige, erlebte Welt des Reisenden. Der **äußere Rahmen** aus der Zeit um 1888 wird nicht geschlossen. Der dritte Erzähler tritt nicht mehr in Erscheinung.

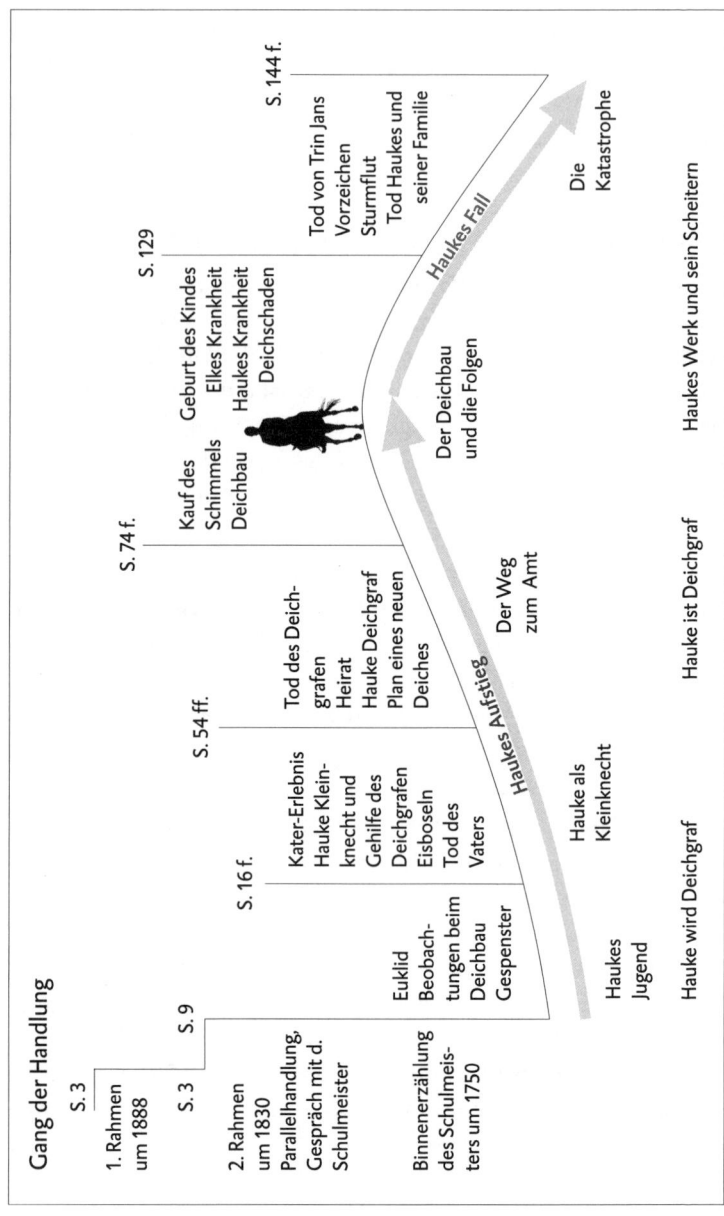

Gang der Handlung

Textanalyse und Interpretation

1 Die Personen

Die einzelnen Personen verkörpern die verschiedenen Gruppen der Dorfgemeinschaft, wobei nicht das gesamte Dorf geschlossen Haukes Gegner ist. Alle Personen sind auf Hauke Haien hin ausgerichtet und werden in ihrem Verhältnis zu ihm oder in ihrer Bedeutung für ihn vorgeführt. Das gilt sowohl für die Personen der Binnen- als auch für die der Rahmenerzählung.

Dargestellt wird auf beiden Ebenen eine Gesellschaft, in der die Männer allein das Sagen haben. Die Frauen haben eine dienende Aufgabe. Vor der Heirat stehen sie unter der Obhut des Vaters und haben nur geringe Möglichkeiten, ihre eigenen Interessen zu vertreten, so z. B. bei der Wahl des Ehemannes. Danach widmen sich ganz ihren häuslichen und familiären Pflichten und spielen in der Öffentlichkeit keine Rolle.

Außer Elke tauchen sie nur gelegentlich im Geschehen auf. Entweder stellen sie eine Möglichkeit dar, durch ihre Mitgift die soziale Stellung ihres Mannes zu verbessern (Vollina Harders), oder sie nehmen an religiösen Versammlungen teil und verbreiten abergläubische Geschichten (Ann' Grethe, Haukes Magd). Die alte Trin Jans hat darüber hinaus eine besondere Bedeutung.

Hauke Haien

Aus den verstreuten Angaben in der Novelle lässt sich ein fiktiver Lebenslauf Haukes konstruieren.[12] Das Geburtsjahr könnte 1715 sein. Die Handlung setzt etwa mit Haukes 16. Lebensjahr ein. Um 1732 tritt er seinen Dienst als Kleinknecht beim Deichgrafen an, wo er, zuletzt als Großknecht, bis 1738 bleibt. 1739 findet seine Verlobung mit Elke statt, noch im gleichen Jahr nach dem Tode von Elkes Vater die Hochzeit und seine Ernennung zum Deichgrafen. Sieben Jahre später fasst er den Entschluss zum Deichbau, den er in den folgenden beiden Jahren, also 1747/48, durchführt. In dieser Zeit wird die Tochter Wienke geboren. Als Todesjahr ist das Jahr 1756 angegeben, das Jahr einer nachweisbaren Sturmflut. Hauke war dann 41 Jahre alt.

Selbstverwirklichung. Hauke wächst offenbar ohne Mutter auf, da von ihr in der Novelle keine Rede ist. Dieser fehlende mütterliche Einfluss bestimmt wohl die einseitig rationale Ausbildung seines Wesens und die Vernachlässigung der emotionalen Seite mit.

Durch das Vorbild des Vaters angeregt, interessiert sich Hauke schon früh für **mathematische und technische Probleme** und er erarbeitet sich ohne fremde Hilfe mathematisches Wissen aus dem „Euklid", wobei er sich erst den Weg zum sprachlichen Verständnis des holländischen Textes öffnen muss. Seine Idee eines neuartigen Deiches mit flachem Profil, der besser den Fluten widerstehen könnte, ist das Ergebnis seiner intensiven Beobachtungen des Meeres.

Haukes Begeisterung für die Mathematik ist Ausdruck seines an der **Vernunft** orientierten Weltverständnisses. Bei seiner Fixierung auf Deichberechnung und Deichprofile ist es kein Wunder, dass er keine Freunde unter seinen Altersgenossen hat. Er wird zum ungeselligen, eigenbrötlerischen Einzelgänger, der auch für die Landwirtschaft seines Vaters wenig Interesse hat. Wie besessen widmet er sich ausschließlich dem Meer und den Deichen. Seinen Mitmenschen begegnet er mit Hochmut.

Schon als Jugendlicher fasst Hauke das Meer als seinen persönlichen Feind auf, den er beherrschen und besiegen zu können glaubt, weil er sich ihm überlegen fühlt. Dieses Bestreben, der Stärkere zu sein, aber auch Jähzorn und Grausamkeit drücken sich am deutlichsten in dem Vorfall mit dem Kater der Trin Jans aus (vgl. S. 19 ff.). Als dieser ihm einen getöteten Eisvogel entreißt und ihn selbst dabei verletzt, verlassen ihn Vernunft und Selbstbeherrschung. Er reagiert aus Wut und Schmerz gleichfalls wie ein Raubtier, entreißt ihm wiederum die Beute und tötet ihn auf grausame Weise. Zwei „Raubtier[e]" (18 f.) stehen sich hier gegenüber und Hauke setzt sich als das stärkere durch. Haukes Rücksichtslosigkeit zeigt sich besonders darin, dass er den toten Kater gegen die Kate von Trin Jans wirft und auf ihr Wehklagen barsch reagiert. Ihm geht das Gefühl dafür ab, was die Katze der alten Frau nach dem Tod ihres Sohnes bedeutet. Ganz gefühllos scheint Hauke jedoch nicht zu sein, denn nach diesem Geschehen hat er Gewissensbisse.

Bereits als Jugendlicher glaubt Hauke fest an seine **Bestimmung zum Deichgrafen**. Überheblich kritisiert er die herkömmlichen Deiche. Er bejaht ernsthaft die ironische Bemerkung des Vaters, als Deichgraf könnte er ja später die Deichprofile ändern, so als hätte er diesen Gedanken schon lange für sich selbst gehegt. Darauf reagiert der Vater bestürzt, lässt sich aber von Haukes unstandesgemäßem Ehrgeiz anstecken. Das Bestreben, dieses Amt einmal auszuüben, bestimmt seit dieser Zeit Haukes Denken und Handeln. Seine Überzeugung, für das Amt des Deichgrafen am besten geeignet zu sein, stützt sich auf seine Begabung und sein besonderes Engagement für den Deichbau. Damit findet eine frühe Entscheidung über seinen Lebensweg und das Ziel seiner Arbeit statt, wenn sie auch zu diesem Zeitpunkt und unter Berücksichtigung der Umstände Ausdruck einer krankhaften Überheblichkeit zu sein scheint.

Dass Hauke, der Sohn armer Leute, sein Lebensziel erreicht, zum einflussreichsten Bauern des Dorfes wird und sich im Amt des Deichgrafen verwirklichen kann, verdankt er Elke. Ihre Hilfe ist für seine Karriere und damit für sein Lebensziel letztlich entscheidend. Er akzeptiert, dass er sein Amt außer seinen Fähigkeiten ihrem Grundbesitz und ihrem unüblichem Eingriff in die öffentlichen Angelegenheiten verdankt. Aber auch Eigenschaften wie **Durchsetzungsfähigkeit**, **Rücksichtslosigkeit** und **Zielstrebigkeit** tragen zu seinem Aufstieg bei.

Hauke könnte jetzt entspannt sein Amt zum Wohle der Gemeinschaft ausüben. Trotzdem hat er **Minderwertigkeitsgefühle**. Dies wird an seiner Reaktion auf Ole Peters' Bemerkung deutlich, er sei nur „von seines Weibes wegen" (S. 67) Deichgraf geworden. Die Dorfbewohner, die ihm den Aufstieg neiden und unter seinen harten Anforderungen leiden, greifen dieses Wort hämisch auf. Hauke ist tief verletzt und fühlt sich in seinem Stolz getroffen. Er reagiert nicht überlegen im Bewusstsein seines Könnens und seiner Leistungen. Zwar hat der Oberdeichgraf früher dasselbe gesagt, aber Hauke bemerkt jetzt die verletzende Absicht: Ole Peters spricht ihm die Befähigung zum Amt ab. Unkontrollierter Hass gegen seine Mitbürger steigt in ihm auf, auch Elke kann ihn nicht trösten (vgl. S. 68). Er beschließt, einen neuartigen Deich nach den Vorstellungen seiner Kindheit zu bauen, um seine Tüchtigkeit zu beweisen.

Motiv für den Deichbau ist also nicht das allgemeine Wohl, sondern die **Wiederherstellung seines verwundeten Selbstgefühls**. Er will den Dorfbewohnern zeigen, dass er um seiner „selbst willen" Deichgraf ist (S. 94). Hinzu kommt, dass mit dem Deichbau wirtschaftliche Vorteile für ihn verbunden sind.

Hauke ist von seiner Arbeit besessen. Er isoliert sich und überfordert auch die Dorfbewohner. Seine Maßlosigkeit und Überheblichkeit ohne jede Kontrolle durch die Vernunft zeigen sich in seinem Triumphgefühl, als er hört, wie Arbeiter das neu gewonnene Land bezeichnen (vgl. S. 110). Er hat sein Ziel erreicht und sich selbst ein dauerhaftes Denkmal gesetzt. In seiner Selbstherrlichkeit verliert er den Bezug zur Realität.

Scheitern. Hauke wird jedoch auf den Boden der Wirklichkeit zurückgeführt, als die Eheleute erkennen, dass ihre Tochter schwachsinnig ist. Sie nehmen dies als göttliche Fügung hin und schenken dem Kind ihre ganze Fürsorge und Liebe. Hier zeigen sich positive Eigenschaften Haukes, ebenso in seinem Verhalten Elke gegenüber, die er liebt. Seine Willenskraft hat durch diesen

Schicksalsschlag jedoch gelitten. Er muss erkennen, dass dem Menschen nicht alles möglich ist und seinem Willen Grenzen gesetzt sind.

Entscheidend für das weitere Geschehen ist, dass Hauke durch die Folgen seiner Krankheit **geschwächt** ist. Zum ersten Mal entsteht in ihm das Bedürfnis nach Gemeinsamkeit, nach Solidarität mit seinen Mitmenschen. In dieser Situation will er von ihnen geliebt werden. Aber seine Schwäche hat Folgen. Bei einem Ausritt erkennt er die Beschädigung und Gefährdung des alten Deiches an der Vereinigungsstelle mit dem neuen Deich und weiß, dass der alte Deich bei einer Sturmflut hier brechen könnte. Er weiß auch, welcher Aufwand für eine gründliche Reparatur erforderlich ist. Aber er kann sich nicht mehr wie früher über den Widerstand von Ole Peters und den Deichgevollmächtigten hinwegsetzen. Sie wollen keine weiteren Belastungen ertragen und nutzen seine Schwäche aus, um ihren Standpunkt durchzusetzen. Lange sind sie von ihm gezwungen worden, ihre persönlichen Interessen hinter die öffentlichen Pflichten zurückzustellen, jetzt wollen sie es nicht mehr tun. Sie können Hauke umstimmen, weil er ihre Gemeinschaft sucht.

Hauke betrügt sich selbst über das Ausmaß des Deichschadens und macht auch Elke etwas vor. Mit der Begründung, er wolle „sich die Freiheit seines Handelns vorbehalten" (S. 126), verschleiert er ihr gegenüber seine Schwäche und Handlungsunfähigkeit. Die klugen Ratschläge und das tatkräftige Verhalten seiner Frau, die ihm den gesellschaftlichen Aufstieg ermöglicht hatten und ihm bisher bei seiner Arbeit unentbehrlich waren, sind ihm in dieser Situation seiner Schwäche ein Hindernis, dem er ausweicht. Er lässt sie im Glauben, dass er nun Friede mit den Dorfbewohnern hat, nennt aber nicht den Preis dafür.

Während der Flutkatastrophe findet Hauke zu alter Kraft zurück. Auf seinen Deich ist er trotz der Gefahr stolz. Dieser hält den Naturgewalten stand, obwohl sein Schöpfer sich in vielerlei

Hinsicht falsch verhält. Mehrmals lobt Hauke ihn und ist sogar noch nach dem folgenreichen Bruch des alten Deiches sicher, dass der neue „noch nach hundert Jahren" (S. 141) halten werde. Aber er verliert sein früheres Überlegenheitsgefühl und zeigt eine bisher unbekannte Demut, als er angesichts der tobenden Wassermassen die Grenzen menschlichen Tuns erkennen muss (vgl. S. 137).

Hauke, der sich sein Leben lang seinen Mitmenschen überlegen gefühlt hat, scheitert gerade dadurch, dass er im Augenblick seiner Schwäche die Harmonie mit ihnen sucht, sich entgegen seiner Überzeugung ihrer Meinung anschließt und auf ihren falschen, aus ihrer Bequemlichkeit geborenen Rat hört.

Schuld und Tod. Hauke sieht seine Schuld in seinem Versagen nach dem Erkennen des Deichschadens. Er habe seines „Amtes schlecht gewartet" (S. 140), ruft er aus. Auch Storm sieht Haukes Schuld in diesem Verhalten: „Bei mir ist er körperlich geschwächt, des ewigen Kampfes müde, und so lässt er einmal gehen, wofür er sonst im Kampf gestanden; es kommt hinzu, dass seine zweite Besichtigung bei heller Sonne die Sache weniger bedenklich erscheinen lässt. Da aber, während Zweifel und Gewissensbisse ihn umtreiben, kommt das Verderben. Er trägt eine Schuld, aber eine menschlich verzeihliche".[13] Mit dieser Deutung schiebt Storm allerdings Haukes eigentliche Schuld, die in seiner Überheblichkeit und seinem fehlenden Gemeinschaftssinn liegt, allein auf die Krankheit.

Hauke reagiert bei den Folgen seines **Fehlverhaltens** ebenfalls nicht angemessen, sondern in den Augen der Gemeinschaft schuldhaft. In der extremen Situation der Sturmflut handelt er eher nach seinem eigenen Interesse am Erhalt „seines" Deiches (S. 138) als im Interesse der Gemeinschaft. Aus persönlichen Gründen verweigert er die Opferung seines Lebenswerks und verursacht dadurch wahrscheinlich den Bruch des alten Deichs,

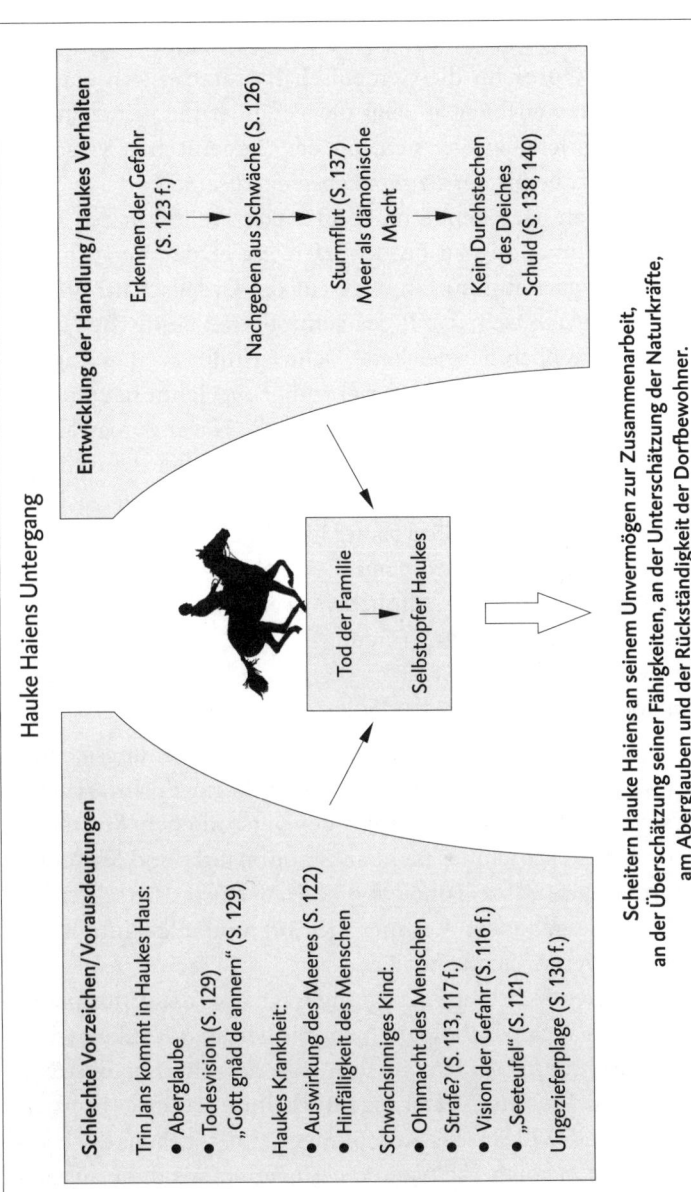

Hauke Haiens Untergang

Schlechte Vorzeichen/Vorausdeutungen

Trin Jans kommt in Haukes Haus:

- Aberglaube
- Todesvision (S. 129)
- „Gott gnäd de annern" (S. 129)

Haukes Krankheit:

- Auswirkung des Meeres (S. 122)
- Hinfälligkeit des Menschen

Schwachsinniges Kind:

- Ohnmacht des Menschen
- Strafe? (S. 113, 117 f.)
- Vision der Gefahr (S. 116 f.)
- „Seeteufel" (S. 121)

Ungezieferplage (S. 130 f.)

Entwicklung der Handlung/Haukes Verhalten

Erkennen der Gefahr (S. 123 f.)

→

Nachgeben aus Schwäche (S. 126)

→

Sturmflut (S. 137)
Meer als dämonische Macht

→

Kein Durchstechen des Deiches
Schuld (S. 138, 140)

Tod der Familie

Selbstopfer Haukes

Scheitern Hauke Haiens an seinem Unvermögen zur Zusammenarbeit,
an der Überschätzung seiner Fähigkeiten, an der Unterschätzung der Naturkräfte,
am Aberglauben und der Rückständigkeit der Dorfbewohner.

die Zerstörung des Landes sowie den Tod seiner Familie. Als **sinnloses Opfer** für die Gemeinschaft stürzt er sich ins Meer. Haukes Verzweiflungstat zeigt die Veränderung seiner inneren Einstellung. Jetzt will er sich mit der Gemeinschaft versöhnen und ist sogar bereit, für sie sein Leben einzusetzen.

Die Fragen nach dem Sinn von Haukes Freitod in den Fluten sind nicht eindeutig zu beantworten. Ist er der Versuch einer Wiedergutmachung im Hinblick auf die Gesellschaft? Will er, der Vernunftmensch, damit das verhinderte heidnische Hunde-opfer nachträglich ausgleichen? Dann erfüllte er allerdings das abergläubische Opferritual, das er früher abgelehnt hat, und sein durch die Vernunft geleiteter Versuch, die Natur zu bewältigen, würde in Frage gestellt. Ist sein Tod ein Zeichen dafür, dass er vor den Naturgewalten resigniert hat? Stürzt er sich aus Verzweiflung über den Tod seiner Familie in die Flut? Will er so sein Versagen büßen und damit seine Schuld sühnen? Haukes Tod wird zu einem unheimlichen Ereignis, auf das der Leser keine eindeutige Erklärung findet.

Elke und ihre Beziehung zu Hauke

Wie Hauke, so fehlt auch Elke das weibliche Erziehungselement, aber sie als Frau verarbeitet den Mangel anders. Im Haushalt ihres Vaters muss sie die Rolle der verstorbenen Mutter mit übernehmen. Ihr fehlt es nicht an Emotionalität und Kommuni-kationsfähigkeit. Ihre Zuneigung zu Hauke zeigt sie schon früh. Beide sind „geborene Rechner" (S. 30) und Elke hilft Hauke gegen Ole Peters' Schikanen.

Zu Haukes Selbstverwirklichung trägt Elke nicht nur materi-ell, sondern auch psychologisch bei. Sie bestätigt Hauke nach der Deichbesichtigung, indem sie ihm sagt, dass das Lob des Ober-deichgrafen für ihren Vater eigentlich ihm gebühre. Hauke ist verlegen und will ihr das Kompliment zurückgeben, doch Elke schätzt ihre eigenen Fähigkeiten geringer ein als die Haukes. Er übertreffe sie, wie sie meint, denn sie könne nur rechnen, er aber habe den Überblick. Dieses Lob ist Hauke peinlich. Verlegenheit und Schüchternheit mischen sich (vgl. S. 36).

Elke identifiziert sich mit dem **traditionellen Rollenschema**. Sie strickt Strümpfe, leistet die Hausarbeit. Hauke rechnet, leistet Männerarbeit, in diesem Fall Deichgrafenarbeit, das ist „Mannessache" (S. 36). Dieses Selbstverständnis zeigt sich auch nach dem Tod von Haukes Vater. Elke geht zu Hauke und schafft in seinem Haus Ordnung. Nach erledigter Arbeit liefert sie die Rechtfertigung: „Das können nur wir Frauen!" (S. 53) Hauke ist sich zwar nicht zu schade, ihr zu helfen, aber nur, „wo es nötig war" (S. 53).

Bei dem großen gesellschaftlichen Ereignis des Jahres, dem Eisboseln-Fest, zeigt sich das unterschiedliche Rollenverhalten von Mann und Frau besonders deutlich. Nur Männer dürfen am Wettkampf teilnehmen. Elke hat keine Möglichkeit, ihre Anteilnahme an Haukes Kampf zu äußern. Aber sie hindert Ole Peters daran, Haukes Wurf zu stören (vgl. S. 44/45). Diese Unterstützung ist ein Beweis ihrer **Zuneigung** und gibt Hauke den Auftrieb zu seinem erfolgreichen Wurf. Hauke ist Elke gegenüber schüchtern. Beim Tanzabend ist er eifersüchtig. Unsicherheit und Verlegenheit führen so weit, dass er nicht mit Elke tanzt. Aber beide verstehen sich ohne viele Worte, ihre Augensprache sagt Ihnen, dass sie zusammengehören.

Bei der Hochzeitsfeier, wo sie zufällig zusammensitzen, fällt besonders die Kargheit ihrer Rede auf. Elke ist wegen des schlechten Gesundheitszustandes ihres Vaters zurückhaltend, lässt sich aber inmitten der Tischgesellschaft heimlich den Verlobungsring anstecken. Sie bittet Hauke jedoch, den Tod ihres Vaters abzuwarten, weil sie für diesen sorgen will und weil sie weiß, dass er ihrer Heirat mit seinem ehemaligen Knecht nicht zustimmen wird. Er würde darin einen sozialen Abstieg sehen.

Als Hauke den neuen Deich bauen will, kennt er nur noch seine Arbeit und vernachlässigt seine Ehe. Elke unterstützt ihn bis zur Selbstaufgabe und stellt ihre eigenen Bedürfnisse nach Kommunikation, Zärtlichkeit und Sexualität zurück. Sie verleugnet ihr eigenes Wesen, fügt sich in ihr Schicksal als Frau, die ihr eigenes „Tagewerk" (S. 72) hat, und beklagt sich nicht.

Während der Planungsarbeiten zum Deichbau haben die Eheleute kaum noch Kontakt. Elke hat allein die Verantwortung für die Versorgung von Familie, Haus und Landwirtschaft. Zu dieser Arbeit gehören allerdings auch Ausgleich und Vermittlung im Umgang mit den Menschen, die durch Haukes Schroffheit wegen seiner Überbelastung beim Deichbau notwendig wird.

Während Elkes Krankheit am Kindbettfieber erkennt Hauke, wie sehr er sie liebt und auf sie angewiesen ist. Sein Verhältnis zu ihr wird wieder eng. Beide wissen, dass sie einander brauchen und sich lieben. Er bleibt trotz seiner Verschlossenheit gegenüber den anderen Menschen im Verhältnis zu ihr „allezeit der Gleiche" (S. 101) und zieht seine ganze Kraft aus seiner Familie. Über alle Maßen liebt er sein Kind.

Elke ist für die **emotionalen und menschlichen Beziehungen** im Hause zuständig. Sie holt die gebrechliche Trin Jans ins Haus. Damit steht sie einer eigenartigen Hausgemeinschaft vor: Sie hat einen gefühlskargen Mann, der sehr oft in Deichsachen unterwegs ist und keine Freunde hat, ein stilles, schwachsinniges Kind, das eine Lachmöwe und einen Hund als Spielkameraden hat, und sie kümmert sich um eine alte Frau, die sich nicht mehr selbst helfen kann und mit abergläubischen Geschichten Wienke stark beeinflusst. Elke mag diesen Aberglauben ebenso wenig wie ihr Mann. Aber sie steht ihm näher als er. So erzählt sie Hauke, dass ein Deich nur halte, wenn etwas Lebendiges im Fundament vergraben würde. Dass sie sich davon berührt fühlt, wird daran deutlich, dass sie „wie in Angst die Arme über ihren

Leib" (S. 72) schlägt, als ob sie ihr eigenes Kind, das sie einmal haben will, schützen wolle.

Im Gegensatz zu Hauke gibt ihr der **christliche Glaube** in schwierigen Situationen Trost und Halt. Bei der Beerdigung ihres Vaters betet sie „voll Inbrunst" (S. 60) das Vaterunser und als Hauke in der Katastrophennacht die Familie verlässt, stürzt sie auf die Knie und bittet Gott verzweifelt, Hauke zu schützen.

Hauke und Elke schieben die Erkenntnis, dass ihr Kind schwachsinnig ist, lange hinaus. Keiner wagt dem anderen seine Befürchtungen mitzuteilen. Als dann schließlich „das erlösende Wort" (S. 114) gesprochen wird, finden sie aus ihrer Einsamkeit wieder zueinander. Ihr Eingeständnis, dass sie ihr Kind trotz seiner Behinderung lieben und dass sie sich schuldig fühlen, ohne den Grund zu wissen, bewirkt in ihnen ein Gefühl der Gemeinsamkeit. Aber im entscheidenden Augenblick seines Lebens, nämlich als er die Schäden am alten Deich entdeckt, kann Hauke nicht mit Elke reden, obwohl sie ihn dazu auffordert.

Als die Folgen seines Versäumnisses in der Nacht der Sturmflut eintreten, finden die Eheleute wieder zusammen. Elke nimmt Abschied von Hauke, „als könne sie ihn nicht lassen" (S. 134). Als sie dann mit ihrem Kind im Wagen aus dem sicheren Gehöft zu ihm auf den Deich fahren will, ertrinken beide in den Wassermassen. Hauke erkennt im Angesicht des Todes ihre solidarische Liebe und stürzt sich ins Meer. Wie sie der Kampf gegen das Meer zusammengeführt hat, so sterben sie nun gemeinsam im Meer.

Die Gründe für Elkes Verhalten vor ihrem Tod in den Fluten sind nicht ganz klar. Warum verlässt sie den Hof auf der sicheren Werft? Der Erzähler lässt Hauke sich fragen, ob sie ihn vielleicht erkannt habe, ob sie die „Sehnsucht" nach ihm oder die „Todesangst" um ihn aus dem „sicheren Haus" (S. 142 f.) getrieben habe. Diese Fragen bleiben unbeantwortet.

Storm stellt in der Figur der Elke mehr als nur eine treusorgende Ehefrau dar. Mit Hauke führt er dem Leser vor Augen, wie ein Mann versucht, ohne Rücksicht auf andere seinen großen Lebensplan zu verwirklichen. Mit Elke zeigt er eine Frau, die auf Selbstverwirklichung verzichtet, ihre **gesellschaftliche Rolle** annimmt und ihr eigenes Glück im Glück ihres Mannes findet oder aber auf es verzichtet.

Die Dorfbewohner

Ole Peters. Im Gegensatz zu dem Kleinbauernsohn Hauke ist Ole Peters ein „Tagelöhnersohn" (S. 38), der sich zu einem führenden Repräsentanten der Dorfgemeinschaft emporarbeitet. Anders als Hauke ordnet er sich in die Dorfgemeinschaft ein, wird ihr Sprecher und artikuliert ihren Unwillen in Bezug auf die Belastungen durch den neuen Deich.

Schon zu Beginn des Geschehens tritt er als **Gegenspieler Haukes** auf. Anfangs wird er positiv charakterisiert, und zwar als „ein tüchtiger Arbeiter und ein maulfertiger Geselle" (S. 29) mit „gesundem Menschenverstand" (S. 37). Immerhin hat er es zum Großknecht beim Deichgrafen gebracht. Hauke gegenüber fühlt er sich schon zu Beginn unterlegen und dieses Gefühl begründet sein späteres Verhalten. Aber als Hauke als Kleinknecht den Deichgrafen bei den Deichgeschäften entlastet, schikaniert ihn Ole, weil er auf Haukes Bevorzugung eifersüchtig ist. Diese Eifersucht wird dadurch noch verstärkt, dass Elke nicht ihm, sondern Hauke wohlgesinnt ist und diesen unterstützt. Beim Eisboseln kommt es zum Konflikt: Ole will Hauke die Teilnahme verweigern, was ihm nicht gelingt. Beim entscheidenden Wurf versucht er ihn dann vergeblich zu behindern (vgl. S. 44/45).

Sein **sozialer Aufstieg** beginnt damit, dass er Vollina Harders heiratet, die Tochter eines reichen Marschbauern und Deichgevollmächtigten. Als Ole dann selbst Deichgevollmächtigter wird, **intrigiert** er gegen Hauke und versucht dessen Aktivitä-ten zu behindern, wo es ihm möglich ist. Seine Motive dazu sind egoistischer Art: Gekränktheit, Neid und Eifersucht. Aus diesen Gefühlen heraus bestreitet er auch Haukes Befähigung. Er ist es, der Hauke als Motiv für den Deichbau wirtschaftlichen Vorteil unterstellt (vgl. S. 93). Konsequenterweise kauft er auch keine Anteile am neuen Koog.

Den verhängnisvollsten Einfluss hat Ole Peters in Haukes Schwächephase nach dessen Krankheit. Es gelingt ihm, Hauke von einer gründlichen Reparatur des Deiches abzubringen. Da-durch wird er mitverantwortlich dafür, dass die Katastrophe schließlich eintritt. Seine Stellung im Dorf ist am Ende so stark, dass er es sogar wagt, sich Haukes Anordnungen entgegenzu-setzen und den Durchstich des neuen Deiches zu befehlen (vgl. S. 139). Dadurch zwingt er Hauke in eine Gegenposition, die sachlich nicht gerechtfertigt ist.

Ole Peters ist trotz aller Kritik an seinem intriganten Verhal-ten Hauke gegenüber ein Mann mit **praktischem Verstand**, der in engem Kontakt mit der Gemeinschaft lebt und ihre Bedürf-nisse kennt. Er kann aber den Blick nicht über das gegenwärtig Notwendige erheben. Damit steht er im Gegensatz zu Hauke, der neue Ideen und weiterführende Pläne hat, jedoch den Kon-takt mit den Menschen, die er für die Verwirklichung seiner Pläne braucht, weitgehend verloren hat. Wohin es führt, wenn beide nicht zusammenarbeiten, zeigt der Ausgang des Geschehens.

Jewe Manners. Elkes Taufpate Jewe Manners vermittelt zwi-schen dem fordernden Hauke und der widerstrebenden Dorfge-meinschaft aufgrund seiner **Weitsicht** und seiner **Verantwor-tung** für das Gemeinwesen und verhilft Haukes Plänen schließ-lich zum Erfolg. Er wird als ein **tüchtiger**, **rechtschaffener Mann** beschrieben, dessen Rat die Dorfbewohner beachten. Entscheidend trägt er dazu bei, dass Hauke überhaupt Deichgraf wird, weil er dessen Fähigkeiten schätzt.

Einerseits sieht Jewe Manners sehr wohl die Belastungen, die durch Haukes Deichbau-Projekt auf die Dorfgemeinschaft zukommen. Andererseits erkennt er die Notwendigkeit, den neuen Deich zu bauen. So sagt er in der entscheidenden Versammlung der Deichgevollmächtigten, „nur die Unvernunft" (S. 89) könne bestreiten, das Hauke Recht habe. Damit überzeugt er die Anwesenden zwar nicht, bringt die Kritik jedoch zum Verstummen.

Trotz seines Alters bleibt Jewe Manners auf Haukes Bitten hin in seinem Amt als Deichgevollmächtigter. Nach seinem Tod vermisst Hauke seine aufmunternden Worte, die ihm bei seiner schweren Arbeit oft geholfen haben.

Jewe Manners ist das **soziale Gewissen** der Dorfgemeinschaft. Er besitzt, was Hauke fehlt, nämlich Kommunikationsfähigkeit und Verständnis für die Belange und Belastungen der Dorfgemeinschaft. Mit diesen Eigenschaften vermittelt er zwischen dem schroffen Deichgrafen und den widerspenstigen Gruppen der Dorfgemeinschaft, die den Deichbau verhindern wollen.

Tede Haien. Haukes Vater hat als **Kleinbauer** nur geringen Landbesitz und wenig Vieh. Seine wirtschaftliche Lage ist trotz seines Fleißes und seiner Tüchtigkeit nicht gut. Seine Interessen gehen jedoch über seinen harten Beruf hinaus: Auf praktischem Wege hat er sich einige mathematische Fähigkeiten angeeignet, betätigt sich hin und wieder als Landvermesser und beschäftigt sich autodidaktisch mit messtechnischen Problemen. Trotz seiner bescheidenen wirtschaftlichen Verhältnisse gilt er als „der klügste Mann im Dorf" (S. 38).

Tede Haien ist **alleinerziehend** und bemüht sich nach Kräften um seinen Sohn. Aber er kann bald dessen Fragen nicht mehr beantworten und verweist ihn eher beiläufig auf das Werk Euklids. Ihm passt allerdings nicht, dass Hauke von nun an nichts anderes mehr im Kopf hat als das Geometriebuch, und er will ihn durch harte Arbeit davon abbringen. Ein „Halbgelehrte[r]" (S. 11) ist seiner Ansicht nach nicht in der Lage, den Hof erfolgreich weiterzuführen. Deshalb will er die Interessen seines Sohnes auf das Nächstliegende und Wichtige richten.

Tede Haien ist **kein autoritärer Erzieher**. Als Hauke Trin Jans' Kater getötet hat, reagiert er sachlich und überlegt. Er erkennt, dass sein Sohn in eine neue Entwicklungsphase seines Lebens eingetreten ist und Arbeit braucht. Geschickt verhandelt er mit dem Deichgrafen, von dem er nichts hält, um Hauke als Kleinknecht unterzubringen. Als er erkennen muss, dass sich Hauke trotz der harten Arbeit nicht vom Denken und Planen abhalten lässt, nimmt er es hin, geht auf die Interessen seines Sohnes ein und lässt sich sogar von dessen selbstbewusstem Ziel, Deichgraf zu werden, anstecken. Dies wiederum verstärkt Haukes Selbstwertgefühl. Tede Haien erwirbt Land, um so die wirtschaftliche Grundlage zu schaffen und Hauke den Weg zum Amt zu erleichtern (vgl. S. 52). Sein Ziel ist es, durch seinen Sohn den gesellschaftlichen Aufstieg seiner Familie zu schaffen.

Tede Volkert. Wie Haukes Vater erzieht auch er seine Tochter Elke allein, sonst aber ist er das Gegenteil von Tede Haien: Er ist **Großbauer**, entstammt einem wohlhabenden Deichgrafengeschlecht und hat sein Amt dieser Tradition zu verdanken, nicht seiner persönlichen Eignung. Ole Peters sagt deshalb von ihm, er sei „Deichgraf von seines Vaters [...] wegen" (S. 67) geworden, und wertet ihn damit ab. Tede Haien nennt ihn „einen Dummkopf" (S. 23) und macht sich über ihn lustig.

Elkes Vater wird als ein **bequemer, wohlbeleibter, genussfreudiger, freundlicher, gutmütiger Mann** ohne Willenskraft dargestellt. Storm führt ihn in einer symbolischen Situation ein, wenn er ihn beim Antrittsbesuch von Hauke und dessen Vater „befriedigt auf das Gerippe einer fetten Ente" (S. 26) schauen lässt, seinen „Leibvogel" (S. 27).

Da Tede Volkerts das Denken und Arbeiten schwer fällt, überfordert ihn sein Amt. Er kann es nur bewältigen, weil er

Leute hat, die ihm die Rechen- und Verwaltungsarbeit abnehmen: zuerst der Schulmeister, dann seine Tochter und schließlich Hauke, den er ausbeutet und der ihn, oft zu seinem Verdruss, auf die Beschädigungen des Deiches aufmerksam macht.

Der Deichgraf erkennt Haukes Begabung. Was er an ihm hat, merkt er besonders dann, als ihn der Oberdeichgraf fälschlicherweise wegen des vorzüglichen Zustands der Deichverwaltung lobt, den Hauke zu verantworten hat. Dieser wird für ihn auch dadurch nützlich, dass er den Ärger der Dorfbewohner über die strenge Aufsicht auf sich zieht. Erst durch Elkes energisches Eingreifen macht er nach Ole Peters Weggang Hauke zum Großknecht, denn er fürchtet, dass dieser ihm dann nicht mehr bei den Deichgeschäften helfen kann (vgl. S. 50). Hauke tut dies dennoch. Trotzdem wäre Tede Volkert wegen seiner **Traditionsgebundenheit** nicht bereit, einer Heirat seiner Tochter mit Hauke zuzustimmen, da dieser nicht über die entsprechende wirtschaftliche Grundlage verfügt.

Anita Ekström / Gert Fröbe als Elke und Tede Volkert in der Verfilmung von 1977 / 78

Tede Volkerts verkörpert den Abstieg eines ehemals tüchtigen Geschlechts und ist die Gegenfigur zu dem späteren Deichgrafen Hauke Haien.

Trin Jans. Trin Jans ist eine **abergläubische, vereinsamte alte Frau**, die sich mühsam durch ihr Leben schlägt und später von Elke gepflegt wird. Wie Elke bringt sie Emotionalität und Wärme in die männliche Welt. Schon ihre Wohnung außerhalb des Dorfes auf dem Deich deutet auf ihr Außenseitertum hin. Ihre Liebe zu ihrem verunglückten Sohn überträgt sie auf dessen Angorakater, der ihr – gewissermaßen als Stellvertreter des Sohnes – die Wärme des Lebendigen vermittelt.

Als Hauke den Kater tötet, verflucht sie ihn, lässt sich jedoch durch die finanzielle Wiedergutmachung des Schadens verhältnismäßig schnell wieder beruhigen. Offensichtlich hat die Härte ihres Lebens sie gelehrt, sich den Umständen anzupassen. Beim Winterfest vergibt sie Hauke seine Tat und söhnt sich wieder mit ihm aus (vgl. S. 43).

Für Elke war die alte Magd ihres Urgroßvaters wie eine Art Mutter. Mit Hauke gerät Trin Jans zwar in Konflikt wegen ihres Aberglaubens und der fantastischen Geschichten, die sie seiner Tochter erzählt, aber sie kümmert sich liebevoll um das geistig behinderte Kind.

Trin Jans akzeptiert ihr Leben und beweist **Selbstständigkeit, Überlebensfähigkeit und Menschlichkeit**. Ihr Mitleid mit der gequälten Kreatur drückt sich in ihrer Erzählung vom Wasserweib aus, das nicht mehr zurück ins Meer kann, als die Schleuse geschlossen wird. In ihrer Sterbestunde sieht sie die kommende Katastrophe voraus. Dabei bittet sie Gott um Mitleid für die betroffenen Menschen (vgl. S. 129/130). Dies ist eine Vorausdeutung auf die letzten Worte des gereiften Hauke, der sich als Opfer für die Allgemeinheit anbietet.

2 Der Einzelne und die Gemeinschaft

Wirtschaftliche Verhältnisse

Das Wirtschaftsleben der Dorfgemeinschaft ist fast ausschließlich durch die **Landwirtschaft** geprägt, Seefahrt und Fischfang spielen keine Rolle. Der oberste soziale Wertmaßstab ist deshalb Landbesitz. Sozialer Aufstieg ist möglich, aber nicht durch Intelligenz und Leistung, sondern durch Einheirat in eine besitzende Familie. Die Gesellschaft ist der Auffassung, nur wer genügend Land habe, sei daran interessiert, es zu schützen. Deshalb können bei den Dingen, die das Dorf betreffen, nur Landbesitzer mitreden und Bauern mit viel Land Deichgevollmächtigte oder Deichgraf werden.

Entsprechend der Größe ihres Besitzes müssen die Marschbauern den Deich unterhalten, bekommen aber auch Anteile an einem neuen Koog. Haukes Vater hat eigenes Land und schaut auf die Tagelöhner wie Ole Peters Vater und besonders auf die Arbeiter herab, die nur über gepachtetes Land verfügen.

Die soziale Schichtung spiegelt sich auch in der Lage ihrer Häuser wider. Die Behausungen der „kleinen" Leute stehen unmittelbar hinter dem Deich oder auch darauf, wie bei Trin Jans. Die großen Höfe der Marschbauern liegen im Koog auf Anhöhen, „Werften" (S. 6), damit sie bei Überflutungen geschützt sind. Dies ist auch bei Haukes Hof der Fall.

Hauke und die Dorfbewohner

In diese Gesellschaft wird Hauke hineingeboren. Seit seiner Kindheit ist er ein **Einzelgänger**. Für ihn zählen **Ordnung** und **Pflichterfüllung**, deshalb kritisiert er schon als Kleinknecht die Schlamperei der Dorfbewohner, die den Deich mutwillig beschädigen. Dadurch macht er sich unbeliebt. Doch seine Tüchtigkeit findet auch Anerkennung. Einige freuen sich darüber, dass er den Deichgrafen „in Trab gebracht" hat (S. 34).

Haukes Amtsführung als Deichgraf ist von Anfang an sehr **streng**. Den Dorfbewohnern legt er neue Deichlasten auf, da viele notwendige Reparaturen liegen geblieben sind. Dadurch wächst seine **Unbeliebtheit**. Zwar leisten die Dorfbewohner keinen offenen Widerstand, aber ihre Passivität und störende Einzelaktionen zermürben ihn. Hauke hat das Gefühl, einer Front der Ablehnung gegenüberzustehen.

Haukes **innere Unsicherheit** wird darin deutlich, dass er wegen Ole Peters' gehässiger Bemerkung – aber auch aus wirtschaftlichen Gründen – den Bau eines neuen Deiches gegen den Willen des Dorfes autoritär, mithilfe des Oberdeichgrafen, nach seinen Vorstellungen durchsetzt. Der Deichbau gibt vielen Arbeitern Lohn und Brot, deshalb tun sie ihre Pflicht. Die Gegnerschaft der meisten Dorfbewohner bleibt allerdings bestehen – man erkennt Haukes Arbeit und sein Engagement nicht an. Er fragt Elke verständnislos, warum alle gegen ihn seien, obwohl viele durch den Deich wohlhabender würden.

Höhepunkt der **Feindseligkeit** der Arbeiter ist deren aggressives Verhalten, als er die Opferung des Hundes verhindert. Es kommt kurz zum Aufruhr, Haukes Lebenswerk droht zu scheitern. Nur das vermittelnde Verhalten eines Freundes des toten Jewe Manners entschärft die Situation und bewirkt, dass die Arbeit weitergeht. Hauke muss somit gegen die Natur und gegen den Widerstand der Dorfbewohner kämpfen – er muss sie gewissermaßen zu ihrem Glück zwingen. Als Außenseiter verliert er jetzt völlig die Bindung an die Gemeinschaft, Unterstützung findet er nur bei seiner Frau. Bei den Deicharbeiten greift er hart durch und kennt weder Rücksichtnahme noch Verständnis.

Dennoch erlangt Hauke durch den neuen Deich **Anerkennung**. Aber dies lässt ihn wieder überheblich werden. Der Deichbau war für ihn eine Kraftprobe mit der Natur und mit der Gesellschaft. Im Kampf gegen seine Mitmenschen bleibt er Sieger, ihren Widerstand kann er überwinden. Er meint, dass er auch das Meer, also die Natur besiegt hat.

Unterschiedliche Einstellungen

Die Dorfbewohner sind an eine gewisse Gleichgültigkeit gegenüber den Naturgewalten und an ein althergebrachtes, gemütliches Arbeitsverhalten gewöhnt. Sie neigen dazu, sich auf Gottes Wohlwollen zu verlassen und eine mögliche Überflutung ihres Landes oder einen Deichbruch als unabwendbares Schicksal anzunehmen. Aus Trägheit, aus Fatalismus, aus finanziellen Gründen und wegen ihrer Unfähigkeit vorauszuplanen vertrauen sie auf den gegenwärtigen Zustand.

Hauke will dagegen eine mögliche Zerstörung vermeiden und durch moderne Deichtechnik die Sicherheit des Lebens und des Besitzes der Bevölkerung in der Zukunft erreichen. Er will etwas gegen die Bedrohung durch die Naturgewalten tun. Es gelingt ihm aber nicht, die Dorfbewohner von der Notwendigkeit des neuen Deiches zu überzeugen. Er bemüht sich auch nicht genügend darum: Zu spät und zu halbherzig versucht er ihre Vorurteile abzubauen und sie in das Projekt einzubeziehen – er stellt sie vor vollendete Tatsachen. Deshalb sehen sie nur die Lasten, nicht aber den Vorteil, den ihnen der Deich in der Zukunft bringen wird. Auch die sachlichen Argumente, mit denen er seinen Plan verteidigt, überzeugen nicht mehr. Widerwillig schicken sie sich in das Unabänderliche.

In ihrer leichtfertigen **Bequemlichkeit** und **Verantwortungslosigkeit** tragen die Dorfbewohner einen Teil der Schuld an der Katastrophe. Sie bemühen sich nicht, den Deich als ihre eigene Sache, als Gemeinschaftswerk anzusehen, das ihren Interessen dient und ihr Eigentum schützt und sogar vergrößert. Hätten sie ihre Engstirnigkeit und auch ihren Neid auf Hauke zurückgestellt, dann wäre es wahrscheinlich nicht zum Bruch des alten Deiches gekommen.

Haukes Antwort auf die Herausforderung durch die Naturgewalten ist die **Tat, der Deichbau**. Die Antwort der Dorfbewohner darauf ist der **Aberglaube**. Diesen Unterschied berücksichtigt er nicht genügend. Es gibt kein demokratisches Miteinander in der Dorfgemeinschaft. So scheitert Hauke letztlich „an sich selbst, an der Gesellschaft und an der Natur".[14]

Zusammenfassung der Schuldproblematik

Haukes vordergründige Schuld	Haukes hintergründige Schuld	Schuld der Dorfbewohner
• Keine Beachtung der Gefahrenstelle durch den Priel am alten Deich • Verzicht auf gründliche Ausbesserung des Schadens unter dem Eindruck des Widerstandes des Dorfes • Weigerung, seinen Deich bei der Sturmflut zu durchstechen	• Hochmut, Überheblichkeit, Selbstbezogenheit; unsoziale Einstellung • Unfähigkeit, auf Ängste und Vorurteile der Menschen angemessen einzugehen • Deichbau aus egoistischen Motiven (Selbstverwirklichung, wirtschaftliche Gründe) • Kein Interesse an der Überzeugung der Gemeinschaft vom Nutzen des Projekts, kein Vertrauensverhältnis zu den Dorfbewohnern • Unterschätzung der Naturgewalten	• Verhaltensweisen wie Aberglaube, Rückständigkeit, Bequemlichkeit, Engstirnigkeit, Gleichgültigkeit, Neid • Ablehnung Haukes und Unverständnis für seine Arbeit • Verweigerung der Mitarbeit

3 Mensch und Natur

Das Bild der Natur

Der Leser findet in der Novelle viele Hinweise auf die Jahreszeit und das Wetter, den Monat und die entsprechende Stimmung. Damit begleitet der Erzähler den Fortgang der Handlung: Sie verbinden die einzelnen Abschnitte von Haukes Leben und dienen der zeitlichen Raffung. In der **Veränderung der Natur** zeigt sich das Vergehen der Zeit.

Die **Landschaft** spielt eine wichtige Rolle. Sie prägt die Menschen, die in Dörfern oder auf ihren Höfen vereinzelt wohnen, sich immer von Meer und Sturm bedroht fühlen, ein hartes Leben führen und sich nur bei besonderen Gelegenheiten treffen können.

Hinter dem **Deich** erhoffen sich die Marschbewohner wirtschaftliche Sicherheit und persönliche Geborgenheit. Vor ihm droht das unberechenbare **Meer**. Storm schildert es vorwiegend in düsteren Farben. Er sieht es als ungebändigte Natur und lässt es hauptsächlich in seiner dämonischen Unheimlichkeit und Bedrohlichkeit in Erscheinung treten. Damit wird es zum Element der Zerstörung und des Todes.

Nach dem Untergang Haukes und seiner Familie – ebenso wie am Ende des inneren Rahmens – wird die Natur als eine Macht gezeigt, der das menschliche Leben, das Chaos, die Verwüstung und der Tod völlig gleichgültig sind. Sie gehorcht ihren eigenen Gesetzen und berücksichtigt nicht das menschliche Leid, das sie zurücklässt. Allerdings lassen die Vorstellungen vom leuchtenden Mond und besonders vom „goldensten Sonnenlichte" (S. 146) auch etwas Hoffnung aufkommen: Dem Menschen gelingt es zwar nicht, die Naturgewalten endgültig zu bezwingen. Aber nach jeder Katastrophe ist er zu einem Neuanfang fähig.

Die Natur hat auch einen friedlichen Charakter. Dieser wird hauptsächlich bei Haukes Liebesbeziehung zu Elke deutlich – sie nimmt der Natur ihre Härte. Als beide nach der Tanzveranstaltung nach Hause gehen, empfinden sie nicht die Kälte, sondern haben das Gefühl, „als sei es plötzlich Frühling worden" (S. 48).

Landschaft und Natur sind in der Novelle Handlungsraum des Menschen, aber auch Stimmungsträger und Spiegel seelischer Vorgänge. In der Gestalt von Sturm und Meer bestimmen sie das Handeln der Menschen. Vor allem das Meer prägt durch seinen bedrohlichen Charakter die Grundstimmung der Erzählung.

Der Kampf des Menschen

Das Leben des Menschen, Geburt, Krankheit und Tod, wird von der Natur bestimmt. Sie lässt sich nicht vom Verstand steuern. Erst neun Jahre nach der Heirat kommt Haukes Kind zur Welt – und ist schwachsinnig. Elke ringt mit dem Tod und Hauke muss hilflos warten, ob sie zum Leben zurückfindet. Folgenreich ist seine Erkrankung am Marschfieber.

Haukes **Kampf gegen die Naturgewalt** des Meeres bestimmt sein ganzes Leben. Einerseits hat er zu ihm eine rein sachliche Beziehung. Er betrachtet es als einen Feind, dessen Stärke man rational einschätzen kann. Er will den Kampf mit ihm aufnehmen und sich seiner Zerstörungswut nicht willenlos ausliefern. Andererseits weckt die unbeherrschbare Kraft des Meeres seine irrationalen Kräfte und ruft in ihm entsprechende Reaktionen hervor. In Hauke reagiert dieselbe Wildheit, die auch das Meer für ihn hat, das aggressiv und unberechenbar das Leben und den Lebensraum des Menschen ständig bedroht.

Es ist ein legitimes Anliegen des Menschen, zur Sicherung seiner Existenz und seines Lebensraumes die zerstörerischen Naturgewalten mithilfe seines Verstandes und der Technik einzudämmen und ihre Vernichtungswut zu begrenzen. Zwar kann er das natürliche Zerstörungsprinzip nicht aufheben und dem Tod nicht entrinnen. Aber er kann den Handlungsspielraum ausnutzen, den er sich mithilfe der Technik schafft. Er kann sich gegen die Zerstörung durch die Naturgewalten wehren und muss sie nicht als unausweichliches Schicksal hinnehmen, wie es die Dorfbewohner tun.

So übersteht der neue Deich die schwere Sturmflut – „und demonstriert so, dass der Mensch trotz des ungleichen Kampfes nicht zur Ohnmacht verurteilt ist [...]"[15].

4 Vernunft und Aberglaube

Rahmenerzählung

Im ersten Teil der Erzählung des inneren Rahmens begegnet dem Reisenden die **Spukgestalt des Schimmelreiters** in einer unheimlichen Atmosphäre. Diese Beobachtung ist erklärbar: Ein anderer Reiter könnte unterwegs sein. Geheimnisvoll an dieser Gestalt ist jedoch, dass sie zweimal „lautlos" (S. 5) an ihm vorüberreitet und dann spurlos im Meer verschwindet, und zwar an der Stelle, an der sich achtzig Jahre vorher Hauke Haien in das Wasser gestürzt haben soll.

Die Atmosphäre des Abenteuerlichen und Fantastischen wird in den folgenden Einschüben zwar weitergeführt, aber immer mehr zurückgenommen, und zwar zugunsten einer immer größeren Wirklichkeitsnähe. Allerdings wird das Verhältnis zwischen der Realität und dem Spukhaften weiterhin nicht geklärt.

Im zweiten Einschub glauben die Wirtshausgäste und der Reisende, den „Reiter auf seinem Schimmel vorbeisausen" (S. 17) zu sehen. Der Leser kann dies als reine Fantasie abtun, doch noch konkreter ist die Aussage im nächsten Einschub: Eine der Deichwachen berichtet, „der Schimmelreiter" habe sich „in den Bruch gestürzt!" (S. 55). Der Deichgraf nimmt diese Mitteilung ernst, im Gegensatz zum Schulmeister, dessen aufgeklärte Haltung er nicht zu teilen scheint.

Die Realitätsbezogenheit verstärkt sich im übernächsten Einschub, als präzise das Jahr 1756 angeben wird, in dem das Unglück geschieht, von dem erzählt wird. Im Schlussteil des inneren Rahmens bleibt dagegen wieder unklar, was tatsächlich geschehen und was abergläubische Zutat ist (vgl. S. 129, 144).

In der Rahmenerzählung spiegelt sich der Gegensatz zwischen dem **aufgeklärten Denken Haukes** und der **abergläubischen Haltung der Dorfbevölkerung** im Verhältnis des Schulmeisters zu den übrigen Wirtsgästen. Der Schulmeister möchte die Geschichte entmythologisieren. Er kann zwar in seiner Darstellung irrationale Elemente nicht völlig aussparen – sie werden jedoch im Verlauf des Geschehens immer weniger.

Wie der unvoreingenommene Reisende, so ist auch der Leser am Ende unschlüssig, ob der Schimmelreiter Wirklichkeit ist. Fantasie und Realität werden nicht eindeutig unterschieden. Storm macht auf diese Weise deutlich, dass sich die Welt des Menschen nicht nur im realen, vernünftigen Bereich erschöpft, sondern dass zu ihr auch Dinge gehören, die über die erfahrbare Wirklichkeit hinausgehen.

Binnenerzählung: Fantastische Elemente

Vor allem in der Binnenerzählung geht es um Geschehnisse, die mit dem menschlichen Verstand allein nicht erfasst werden können. Im Verlauf des Geschehens verstärken sich die gespenstischen und fantastischen Elemente immer mehr.

Die Seeteufel. Hauke Haien wächst unter abergläubischen Menschen auf. Die Dorfbewohner deuten das ihnen Unheimliche auf irrationale Weise. So sehen angetriebene Leichen aus „wie die Seeteufel" (S. 14), was Haukes rational eingestellter Vater damit begründet, dass sie schon lange im Wasser gelegen hätten. Das Motiv wird später wieder aufgenommen, als Hauke mit seiner Tochter auf dem Deich unterwegs ist (vgl. S. 121).

Der Spiegel. Elke folgt nach dem Tod ihres Vaters dem Brauch, im Haus den „Spiegel zwischen den Fenstern" (S. 61) und alles Blinkende zu verdecken. „Der Spiegel galt im Volksglauben als besonders gefährlicher Gegenstand mit magischer Kraft" und der Aberglaube war weit verbreitet, „wer in einem Totenzimmer in den Spiegel sehe, müsse sterben; die am Spiegel haftende Seele des Toten stelle eine Bedrohung des Beschauers dar".[16]

Der Hund. Ein krasses Beispiel des Volksaberglaubens ist die Geschichte mit dem Hund als Opfer, das für den Bestand eines Deiches notwendig sein soll. Hauke wirft den Arbeitern heidnisches Verhalten vor, während diese ihm mangelndes Christentum unterstellen (vgl. S. 106 f.). Aber mit seiner Ablehnung des abergläubischen Brauchs steht er alleine da. Das Ende der Geschichte scheint dem Aberglauben Recht zu geben, denn Hauke stürzt sich mit seinem Pferd als Opfer ins Meer.

Das Pferdegerippe. In der zweiten Hälfte der Erzählung verdichten sich die Elemente des Unheimlichen. Ein Pferdegerippe auf einer kleinen Hallig scheint sich nachts in einen lebendigen Schimmel zu verwandeln. Haukes Knecht Iven hält das Geschehen für „Altweiberglaube" (S. 77) und bemüht sich um eine vernunftgemäße Sichtweise. Auch der Leser kann an eine Sinnestäuschung glauben, da vorher von „Nebeldünste[n]" (S. 75) die Rede ist. Doch als der Dienstjunge Carsten das Gesehene vor Ort überprüft, wird der Eindruck des Gespenstischen noch gesteigert: Vom Land aus sieht Iven das Pferd, während Carsten auf der Insel nur das Gerippe findet. Er bringt die Erscheinung deshalb mit dem Teufel in Verbindung (vgl. S. 87). Das Irrationale, mit dem Verstand nicht Fassbare hat die Realität, wohl eine optische Täuschung, völlig überlagert.

Der Schimmel. Hauke trägt durch die Erzählung der Umstände seines Pferdekaufs zur Steigerung des abergläubischen Elements bei. Auf den Leser wirkt der Kauf wie ein Pakt mit dem Teufel, denn er weist Merkmale auf, die bei einem solchen Geschäft üblich sind[17]: Der Kauf erfolgt per Handschlag. Der Verkäufer, ein Slowake mit einer „braune[n] Hand, die fast wie eine Klaue aussah", ist unbekannter Herkunft. Er hat tierische bzw. dämonische Züge und lacht nach dem Verkauf „wie ein Teufel" (S. 84). Der Käufer wird über den Charakter des Kaufgegenstandes getäuscht, wenn auch positiv, denn aus dem unansehnlichen Pferd wird in erstaunlich kurzer Zeit ein überaktives Tier. Deshalb bleibt das Odium des Teuflischen an ihm haften. Als es Haukes Knecht Iven nicht aufsitzen lässt, sondern umwirft, schimpft dieser: „[...] den Schimmel reit' der Teufel!", worauf Hauke ergänzt: „Und ich!" (S. 86) Damit bringt er sich selbst in die Nähe des Teuflischen.

Bald verbindet sich die Erscheinung des geisterhaften Schimmels auf der Hallig, der inzwischen verschwunden ist, mit Hauke Haiens Pferd. Der Dienstjunge Carsten behauptet, das

Matthias Wiemann als Hauke Haien. Szene aus der Verfilmung von 1933/34

Pferd stehe im Stall des Deichgrafen, seit es von der Hallig verschwunden sei. Auch der Tadel des vernünftigen Knechts Iven, wie Carsten „in solch Altemweiberglauben sitzen" (S. 87) könne, bewirkt nichts – der Junge verlässt Haukes Dienst und geht zu Ole Peters, wo „seine Geschichte von dem Teufelspferd des Deichgrafen" (S. 87) dankbar aufgenommen wird.

Das Pferd wird seinen Ruf nicht mehr los. Obwohl es sich ruhig verhält, hat ein Deicharbeiter Angst vor ihm. Als Hauke während Elkes Krankheit als „Gottesleugner" angesehen wird, vermutet man, „die Sache mit dem Teufelspferde mochte auch am Ende richtig sein" (S. 100). In Bezug auf die unheilvollen Zeichen meint die Magd: „[...] mit des Deichgrafen Schimmel ist's am Ende auch nicht richtig!" (S. 131)

Wenn Hauke mit seinem Schimmel als gespenstische Einheit über den Deich reitet, sehen ihn die Dorfbewohner mit dem Teufel im Bunde und übertragen auf ihn das Dämonische, das der Schimmel für sie hat. So gerät er in den Bereich des Übernatürlichen und Spukhaften, den er eigentlich ablehnt.

Trin Jans. Hauke lässt mit der auf den ersten Blick hexenartigen, bei näherem Hinschauen jedoch menschlichen Trin Jans den Aberglauben in sein Haus. Sie betrachtet den Schwachsinn seiner Tochter als Strafe für Hauke, vermutlich für seinen Egoismus. Sie erzählt dem Kind abergläubische Geschichten, sodass es Hauke nur mit Mühe gelingt, das verstörte Mädchen zu beruhigen.

Die Vorzeichen. Die Dorfbewohner werden durch eine Reihe von Unheilzeichen wie seltsames Geschmeiß, Blut vom Himmel, kleine Totenköpfe im Waschbecken des Pastors und rote Raupen in Unruhe versetzt (vgl. S. 130 f.). Diese Zeichen bezeugen ihnen die Wirklichkeit des Übernatürlichen. Ihre Furcht vor dem Kommenden verkörpert sich in Bildern des Schreckens.

Binnenerzählung: Rationale Elemente

Dem Auftreten der irrationalen Kräfte steht allerdings als Gegengewicht eine aufklärerisch-rationale Tendenz gegenüber. In ihr drückt sich Storms eigene aufgeklärte Haltung aus, obwohl er zeit seines Lebens dem Abergläubischen nicht fern steht. In der Rahmenerzählung steht der Schulmeister für eine solche Sichtweise der Dinge. In Bezug auf die Vorzeichen spricht er von „abergläubige[m] Geschwätz" (S. 131).

In der Binnenerzählung vertreten **Elke** und besonders **Hauke** diese **aufgeklärte Denkrichtung**. Zwar bleibt der Volksglaube auf ihn nicht ohne Einfluss. Aber schon als Junge entlarvt er die mutmaßlichen Seegespenster als Vögel (vgl S. 15). Für ihn sind der Deichbau und die Beherrschung der Natur Fragen der Vernunft, des Rechnens und des technischen Könnens. Den Sinn des barbarischen Opferbrauchs beim Deichbau kann er nicht einsehen. Dass er in seinem Gebet während Elkes Krankheit Gottes Allmacht bestreitet (vgl. S. 98 f.), passt zu seiner aufgeklärten Haltung, weckt aber böses Blut bei den Konventiklern, deren religiöser Eifer sich bis zum Wahn steigert. Hauke steht diesem angstbesessenen Treiben verständnislos gegenüber. Er verbietet Trin Jans, seiner Tochter Geschichten zu erzählen, die sie zu ängstigen. Der erschreckten Wienke sagt er klar, es gebe „weder Wasserweiber noch Seeteufel" (S. 121). Haukes Weltbild ist eindeutig: Übernatürliche Erscheinungen gibt es nicht.

Es ist eine Ironie des Schicksals, dass sich gerade am Rationalisten Hauke Haien der Aberglaube seiner Zeitgenossen und der späterer Generationen entzündet. Schon zu seinen Lebzeiten verwandelt er sich in die Gestalt des mit dem Teufel verbundenen Schimmelreiters. Nach seinem Tod wird er in noch höherem Maße **Gegenstand des Aberglaubens**. Er erscheint den Menschen in Zeiten drohender Gefahr als Warnspuk, der auf die Schwachstellen der Deiche hinweist. Damit ist er zu einer übernatürlichen Erscheinung geworden.

Vernunft und Aberglaube

Aberglaube der Dorfbewohner	Deutung		Hauke Haiens Haltung
● Seeteufel, Seegespenster (S. 14 ff.)	Unheimlichkeit, Bedrohlichkeit der Natur	→	Selbstbehauptung
● Sage vom Wasserweib (S. 119 f.)	Ausdruck von Schmerz und Trauer	→	Lüge, Aufklärung des Kindes
● Geplantes Hunde-Opfer (S. 72, 105 f.)	Besänftigung höherer Mächte	→	Verhinderung heidnischen Tuns
● Verlebendigung des Pferdegerippes (S. 75 ff., 86 f.)	Angst vor mysteriösen Erscheinungen	→	Keine Angst
● Schimmel (S. 83–86)	Furcht vor Unbekanntem und Geheimnisvollem	→	Mitleid mit der Kreatur, Stolz auf die Beherrschung des Pferdes
● Verbindung von Gespenster- und Teufelsschimmel (S. 87)	Angst vor Haukes Willen und seiner Strenge	→	Harte Arbeitsanforderungen
● Unheilszeichen (S. 130 ff.)	Angst vor drohender Katastrophe	→	Kein Aberglaube
● Spukgestalt des „Schimmelreiters"	Angst vor drohender Gefahr		

Mittel zur Beherrschung von Natur und Mensch: Rationalität, Aufklärung

Aberglaube als Ausdruck der Angst vor der Bedrohung des Menschen durch irrationale Mächte wie z. B. die Natur

Absicht Hauke Haiens: Schutz und Hilfe für die Menschen durch Aufklärung und Befreiung vom Aberglauben
Ergebnis: Ablehnung der Aufklärung, Angst der Menschen, weitere Verstrickung im Aberglauben
Widersinniges Ergebnis: Hauke Haien wird selbst zur Spukgestalt.

5 Erzählweise

Die Erzähler

Storms bewusste Unentschiedenheit in Bezug auf die Wahrheit des Geschehens spiegelt sich in der Form der Erzählung, in ihrem Rahmenbau, wider.

Der **Erzähler des äußeren Rahmens** schreibt, dass er eine Geschichte wiedergebe, die ein anderer erzählt habe. Damit gibt er vor, auf persönliche Darstellung zu verzichten und unvoreingenommen zu berichten. Der Eindruck von Objektivität wird dadurch vermindert, dass er behauptet, für die Wahrheit des Erzählten nicht einstehen zu können, zumal er seine damalige Zeitschriften-Quelle nicht mehr findet. Wichtig ist ihm allein die nachhaltige Wirkung des damals Gelesenen auf sich. Dadurch erweckt er den Anschein, ein bedeutungsvolles Geschehen wiederzugeben, das unabhängig von seiner Person besteht.

Dieses mögliche Geschehen wird durch den Bericht des **zweiten Erzählers im inneren Rahmen**, des **Reisenden**, fünfzig Jahre vorher in einer Zeitschrift mitgeteilt. Dieser erlebt auf seinem Ritt über den Deich die aufgebrachte, bedrohliche Natur, er begegnet der gespenstischen, lautlosen Erscheinung eines Schimmelreiters auf dem Deich und er erfährt vom Schulmeister im Gasthaus, welche Bedeutung diese Erscheinung hat. Sein Erlebnis aktualisiert das Problem des Schimmelreiters. Aber die Frage nach der Wahrheit wird durch die zeitliche Entfernung und die Art der Übermittlung wieder relativiert. Der Zeitschriften-Erzähler berichtet zwar als Ich-Erzähler authentisch über ein eigenartiges Erlebnis auf dem Deich, im Wesentlichen gibt er jedoch die Erzählung des Schulmeisters wieder.

Als ihn der Schulmeister auf die Bedeutung des Aberglaubens in der Geschichte hinweist, traut der Reisende sich selbstbewusst zu, „die Spreu vom Weizen [zu] sondern" (S. 9). Nach Abschluss der Erzählung ist er vorsichtiger geworden und äußert sich dem Deichgraf gegenüber wesentlich zurückhaltender (vgl. S. 145). Offenbar ist er weder von der rationalen Darstellung des Schulmeisters vollkommen überzeugt, weil er selbst Augenzeuge des eigenartigen Geschehens war, noch von den fantastischen Ereignissen, weil sein Verstand sie nicht wahrhaben will.

Der Reisende vertritt in seinem Unwissen über die Gestalt des Schimmelreiters die Stelle des ebenfalls unkundigen Lesers. Storm macht an ihm deutlich, dass der Kampf des Menschen gegen die Natur nicht einmalig, sondern immerwährend ist und dass es schwierig ist, alles, was in diesem Bereich geschieht, mit dem Verstand zu erfassen.

Der **Schulmeister** ist der **dritte und wichtigste Erzähler** und der eigentliche Berichterstatter. Als **allwissender** oder **auktorialer Erzähler** weiß er mehr, als er von seinen Gewährsleuten je hätte erfahren können, und erzählt souverän seine Geschichte. Er kennt die Gedanken, Gefühle und Taten seiner Personen, besonders die von Hauke, und teilt sie dem Leser mit. Er hat Übersicht über das Geschehen, macht Vorausdeutungen, gibt sogar den Wortlaut der Unterhaltungen wieder und unterbricht mehrfach seine Erzählung. Diese **Unterbrechungen** sind oft mit **Kommentaren** verbunden und stören nicht die Wiedergabe des eigentlichen Geschehens. Sie haben verschiedene Aufgaben:

- Sie gliedern die Erzählung und schaffen für den Leser Besinnungspausen.
- Sie schaffen eine gemütliche Erzählatmosphäre, aktualisieren und kommentieren das Geschehen, bewirken eine Distanzierung des Erzählers vom Erzählten und verknüpfen die Binnenerzählung mit dem Bericht des zweiten Erzählers.
- Sie halten das Geschehen unentschieden zwischen Wahrheit und Spuk, zwischen Natürlichem und Übernatürlichem.

An wichtigen Stellen gleitet diese auktoriale Perspektive unmerklich in die innere Perspektive Haukes hinüber und entwickelt sich fast zu **personalem Erzählen**, also zu einem Erzählen aus der begrenzten Innenperspektive der Person heraus. Das ist z. B. der Fall, als Hauke an der von ihm entdeckten Schadensstelle im alten Deich mit schlechtem Gewissen vorbeireitet (vgl. S. 122 ff. u. 127 f.; siehe *Interpretation von Schlüsselstellen*).

Entsprechend seiner Erzählabsicht setzt der Erzähler die Schwerpunkte. Weniger wichtige Zeitabschnitte wie z. B. Haukes zeitweilig ruhiges Leben als Deichgraf fasst er in **raffender Darstellung** zusammen. Wichtige Ereignisse wie den Katermord, das Eisboseln, das Begräbnis von Elkes Vater, das verhinderte Hunde-Opfer oder am Schluss die Sturmflut schildert er ausführlich in **szenischer Darstellung**, die an ein Drama erinnert und den Leser in Spannung versetzt. Die Abstände zwischen solchen Passagen werden dabei immer geringer, bis die Ereignisse in der Sturmnacht fast ausschließlich szenisch dargestellt werden.

Der Schulmeister behauptet, **wirklichkeitsgetreu** zu erzählen. Der Autor stellt ihn als eine Person dar, der man dies glauben kann. Von den Wirtshausgästen wird das „ernsthafte Männlein" (S. 145) als ein Mann anerkannt, der Geschichten wie die des Schimmelreiters sachverständig erzählen kann. Seine Objektivität und Wirklichkeitstreue werden vom Deichgrafen dadurch betont, dass er ihn den „Aufklärern" (S. 145) zurechnet. Auch die Beschreibung seines Äußeren (vgl. S. 7/8) verhindert, dass der Leser ihn für einen fantasievollen Menschen hält. Dadurch steht er im Gegensatz zu den abergläubischen Wirtshausgästen und auch zur Wirtschafterin des Deichgrafen, die die Geschichte fantastischer erzählen würden. Da er aber auf die Mitteilungen und Informationen anderer Leute angewiesen ist und ungefähr achtzig Jahre seit dem Geschehen vergangen sind, werden sein Wahrheitsanspruch und seine Allwissenheit wieder eingeschränkt.

Vor dem entscheidenden zweiten Teil der Geschichte unterbricht der Schulmeister seine Erzählung, um seinem Zuhörer den Unterschied in der **Quellenlage** zu verdeutlichen: Die Quellen des ersten Teils seien vorwiegend seriös, da es sich um die „Überlieferungen verständiger Leute" handle, die des zweiten Teils dagegen nicht (S. 74 f.). Der erste Teil erhält dadurch verstärkt den Charakter der Wirklichkeitsnähe, von den fantastischen Elementen des zweiten Teils distanziert sich der Schulmeister dagegen, allerdings ohne den Wirklichkeitsbezug ganz aufzuheben. Glaubhaftes und Fantastisches vermischen sich. Die Wahrheit scheint zwischen diesen Ebenen zu liegen.

Die Art und Weise, wie der Schulmeister die Geschichte erzählt, bedeutet zwar keine eindeutige Bejahung der übernatürlichen Erscheinungen. Sie relativiert allerdings den aufgeklärten Standpunkt und gesteht dem nicht Erklärbaren, Fantastischen und Übernatürlichen eine gewisse Berechtigung zu. Schon zu Beginn des Geschehens lässt Storm den Schulmeister deshalb sagen: „[...] es gibt auf Erden allerlei Dinge, die ein ehrlich Christenherz verwirren können [...]" (S. 16). Diese **Unentschiedenheit** wird dadurch verstärkt, dass der Erzähler des inneren Rahmens am Schluss auf die Erzählung des Schulmeisters ausweichend reagiert, was ihren Anspruch auf Wahrheit angeht, und dass sich der Erzähler des äußeren Rahmens nicht mehr zu Wort meldet – er überlässt es dem Leser, den Sprung in seine eigene Zeit zu tun und zu entscheiden, worin die Wahrheit des Gelesenen besteht.

Der innere Rahmen enthält in angedeuteter Form die **gleichen Motive** wie die Binnenerzählung: das Wattenmeer, die weite und einsame Deichlandschaft in der Nacht, das Wüten des Sturmes, die Bedrohung durch das Meer, den gespenstischen Reiter auf seinem Pferd, sein Verschwinden an einer Bruchstelle des Deiches, den Deichbruch auf der anderen Seite, die Sorgen des Deichgrafen und seiner Mitarbeiter und die „Verwüstung" durch die Flut (S. 146). Dadurch werden Rahmen und Binnenerzählung miteinander verknüpft.

Die **Gemeinsamkeiten** zwischen dem kurzen Bericht des zweiten Erzählers und der ausführlichen Geschichte des Schulmeisters verleihen dem Unwahrscheinlichen Wahrscheinlichkeitscharakter. Die Erscheinung des Schimmelreiters taucht viermal in der inneren Rahmenerzählung auf (vgl. S. 5, 17, 55). Diese Unterbrechungen der Erzählgegenwart haben die Aufgabe, einen Zusammenhang zwischen der Lebensgeschichte Hauke Haiens und dem Gespenstischen in der Gegenwart des Reisenden herzustellen. Nachdem in der Binnenerzählung Hauke mit dem geheimnisvollen Schimmel in Verbindung gebracht wurde, taucht der gespenstische Reiter des inneren Rahmens nicht mehr auf. Stattdessen erhält der Leser in der Binnenerzählung zunehmend Informationen über den tatsächlichen Schimmelreiter.

Storm räumt den Gegensatz zwischen rationalem Denken und fantastischen Vorstellungen nicht aus. Die gesamte Erzählung beruht formal und inhaltlich auf der Darstellung bewusster Zweideutigkeit. Storm hat seine Novelle „auf einem vielspurigen Verweben der Widersprüche aufgebaut, das keine einspurige Auflösung zulässt".[18]

Vorausdeutungen

Ein wichtiges Merkmal auktorialen Erzählens sind Vorausdeutungen, die der allwissende Erzähler aufgrund seines Wissens um die Zukunft machen kann. Um eine solche Vorausdeutung handelt es sich, wenn er z. B. schon zu Beginn sagt, dass Hauke später „sein blödes Mädchen" (S. 16) mit auf den Deich genommen habe. Eine weitere Vorausdeutung auf den Schwachsinn des Kindes ist sein merkwürdige Schreien bei der Geburt (vgl.

S. 97/98). Oder der Erzähler bettet Vorausdeutungen in das Geschehen ein, die sich auf Haukes Tod durch die Sturmflut beziehen. So meint sein Vater schon früh zu seinem heimkehrenden Sohn, er hätte „versaufen können", und kommentiert dessen Einspruch mit den Worten „diesmal noch nicht" (S. 12).

Später sieht die todkranke Elke in ihren Fieberfantasien das tödliche „Wasser", sucht bei Hauke Halt, glaubt ihren Mann aber „nimmer wieder" (S. 98) zu sehen. Auch Wiebke sieht das Meer und fragt angstvoll den Vater, ob es „über den Deich kommen" (S. 117) könne. Von Trin Jans' Todesvision der kommenden Flut ist Hauke so tief getroffen, dass er sich fragt, ob die „Sterbenden Propheten" (S. 130) seien.

Perspektive

Der Schulmeister lässt seinen Zuhörer – und den Leser – das Geschehen, die Personen und besonders die Beurteilung von Hauke Haien aus seiner eigenen Perspektive sehen. Aber seine Sichtweise ist nicht eindeutig. Einerseits lobt er seinen Helden und sieht ihn fast als **Übermenschen**. So erreicht er, dass auch der Leser Hauke für einen hervorragenden Menschen hält und Mitgefühl für ihn empfindet, weil er von den abergläubischen und trägen Dorfbewohnern beneidet, angefeindet und abgelehnt wird. Besonders am Schluss lässt er Hauke in hellem Licht erscheinen, wenn er ihn einen „tüchtigen Kerl" nennt, der „uns um Kopfeslänge" überragt habe (S. 145), und ihn sogar mit Sokrates und Christus in einen Zusammenhang stellt, die von der unwissenden Menge getötet wurden.

Auf der anderen Seite sieht der Schulmeister durchaus Haukes **negative Verhaltensweisen**, besonders was sein Verhältnis zu der Dorfgemeinschaft angeht. Er spricht davon, dass Hauke sich verfolgt fühlte und dass in ihm „die Ehrsucht und der Hass" (S. 57) entstanden seien. Außerdem erzählt er von seiner Vereinsamung, seiner Kälte und seinem schroffen Verhalten gegenüber seiner Umgebung.

Ebenso beschreibt der Schulmeister Haukes Überheblichkeit und seine Überschätzung des neuen Deiches. Vor allem aber schildert er Haukes doppeltes Versagen, einmal bei der Reparatur des alten Deiches und dann bei seiner Weigerung, in der Sturmnacht den neuen Deich durchstechen zu lassen, was er vorher als richtig erkannt hat (vgl. S. 124).

Das Bild von Hauke Haien, das der Schulmeister dem Leser vermittelt, ist das eines „gemischten" Helden, eines Mannes, der fast Übermenschliches leistet, die Dorfbewohner in Bezug auf Können und Einsatzbereitschaft weit überragt und seiner Zeit voraus ist, der aber auch seine Schwächen hat und daran schließlich scheitert.

6 Motive und Symbole

Wie in jedem anspruchsvollen Text, so kann man auch in Storms Text zwei Ebenen unterscheiden: einmal die Ebene des Tatsächlichen, ausdrücklich Gesagten, und dann eine zusätzliche Sinnschicht, ein Geflecht von Bedeutungs- und Verweisungszusammenhängen.

Um diese zusätzliche, oft nur erahnbare Sinnschicht zu gestalten, verwendet der Verfasser Motive und Symbole. Unter einem **Motiv** versteht man einen Gegenstand oder eine typische Situation, die im Text an wichtigen Stellen immer wieder auftreten und deshalb Bedeutung gewinnen. Ein **Symbol** ist ein Gegenstand, ein Vorgang oder eine Situation, die über sich selbst hinaus auf einen höheren gedanklichen Bereich verweisen. Symbole erlangen erst in einem bestimmten Sinnzusammenhang ihre Bedeutung. Diese ist nicht immer eindeutig, weil sie vom Wissens- und Erfahrungshorizont des Lesers abhängig ist. Symbolische Bedeutung ist vom Autor angelegt und wird vom Leser aufgrund des Kontextes hergestellt. Sie kann auch Motiven zukommen.

Meer, Deich und Land

Das unbegrenzte, unbeherrschbare, chaotische und zerstörerische **Meer** ist das umfassende Symbol in der Novelle. Auf seine Bedeutung als Verkehrsweg und Spender von Nahrung geht Storm nicht ein. Es ist Haukes Feind und Gegenspieler während des gesamten Geschehens. Storm wählt zur Veranschaulichung seiner Wirkung die Stilmittel des **Vergleichs** und der **Personifikation**, also der Vermenschlichung einer Sache oder eines abstrakten Begriffs. So schreibt er, die Wellen schlügen „wie mit Wutgebrüll" (S. 3) gegen den Deich, die Böen versuchten, den Reiter vom Deich „herabzudrängen" (S. 4), und in der Sturmnacht käme eine „furchtbare Böe [...] brüllend" (S. 137) vom Meer her.

Diese **ungebändigte Naturgewalt** mit ihrer zerstörerischen Kraft bedroht Land und Leben der Marschbewohner und bringt Verderben und Tod über sie. Das Marschfieber, an dem Hauke erkrankt, ist eine Auswirkung des Meeres. Wegen seiner Unberechenbarkeit und Gefährlichkeit ruft das Meer im Menschen Grauen hervor. Vor seiner Unfassbarkeit und Unbeherrschbarkeit hat er eine abergläubische Furcht. Deshalb verwandeln die Marschbewohner z. B. die verzerrten Nebelbilder am Strand zu konkreten Figuren, die vielleicht weniger furchterregend sind.

Für Hauke hat das Meer eine **dreifache Bedeutung**:

- Es ist eine Verkörperung des Unendlichen, Zeitlosen und Dämonischen, das mit dem Verstand nicht fassbar ist.
- Es bedeutet die ständige Gefahr der Zerstörung von Land und der Vernichtung von Menschen.
- Es spiegelt das Zerstörerische und Irrationale in seiner Seele wider.

Der **Deich** ist Symbol für die Fähigkeit des Menschen, sich mit den Mitteln der Technik vor den Naturgewalten zu schützen. Nur dadurch kann er geschaffen werden, dass der konstruktive Verstand des Einzelnen mit der körperlichen Arbeit der Gemeinschaft zusammenwirkt. Damit ist er auch Sinnbild einer Gemeinschaftsleistung, die für die Zukunft das Wohl und die Sicherheit aller gewährleistet.

Der **alte Deich** ist in Zusammenarbeit des damaligen Deichgrafen mit der Gemeinschaft entstanden. Er bricht, weil sich die jetzige Gemeinschaft, an der Spitze der Deichgraf Hauke Haien, nicht gründlich genug um seine Reparatur kümmert. Sein Bruch ist ein Zeichen für das Versagen der jetzigen Generation dem früher Geschaffenen gegenüber. Dieses Versagen wirft sich Hauke Haien als Verantwortlicher vor.

Das **Land** ist als urbar gemachter Teil der Natur der Lebensraum des Menschen. Es bedeutet Festigkeit, Sicherheit, Geborgenheit und stellt die verlässliche Alltagswelt dar, die immer wieder durch das Meer bedroht wird. Gegenstände werden zu Symbolen der Sicherheit: Das auf einer künstlich geschaffenen Anhöhe liegende **Haus des Deichgrafen** repräsentiert einerseits dessen erhöhte gesellschaftliche Stellung in der Dorfgemeinschaft. Es bietet aber zugleich Schutz vor dem Wüten der Natur. Als Elke in der Nacht der Flut das schützende Haus verlässt, wird sie von den Wassermassen getötet.

Die **Esche** vor dem Hof des Deichgrafen, die in der Sturmnacht wie unter tödlicher Anstrengung ächzt, ist Symbol für die Familientradition. Elkes Urgroßvater, der erste Deichgraf ihres Geschlechts, hat den Baum gepflanzt. Unter ihm reden Elke und Hauke nach dem Eisboseln-Fest miteinander. Als sie dann verheiratet sind, „rauscht[e]" sie „nach wie vor am Hause" (S. 66) und Hauke lässt seine Tochter Wienke ab und zu auf ihren Ästen schaukeln (vgl. S. 24 f., 50, 103). Sie ist ein Zeichen der Beständigkeit im Wechsel. Wenn sie in der Sturmnacht knarrt,

„als ob sie auseinander stürzen solle" (S. 134), so deutet dies auf den Untergang der Familie voraus.

Tiere

Wie der Natur insgesamt, so verleiht der Verfasser auch Tieren symbolische Bedeutung. Vögel sind Träger des Unheimlichen und Ausdruck der feindseligen Aggressivität der Natur. Der Fischadler auf Jeverssand, der Kiebitz, der den Knecht dort erschreckt, als er nach dem Pferdegerippe sucht, und der Reiher, vor dem sich die Fischer fürchten, sind Vögel, die unheimlich wirken (vgl. S. 16, 75, 80, 121).

Von besonderer Bedeutung sind die **Möwen**, die die Handlung begleiten. Bedrohlich fliegen sie auf den jungen Hauke zu, als er auf dem Deich liegt, und den Reisenden streifen sie bei dem Unwetter gespenstisch. Aber sie spiegeln auch Frieden und Ruhe wider. Nach der Fertigstellung des Deiches schweben sie „ruhig hin und wider", während über ihnen die Lerchen „ihre ewige Melodie" singen (S. 126 f.).

Eine besondere Rolle spielt auch der **Angorakater** von Trin Jans, den Hauke in raubtierhafter Wut tötet. Der tote Kater verfolgt ihn: Trin Jans bringt einen mit dem Katzenfell überzogenen Schemel mit in sein Haus (vgl. S. 112). Wienke streichelt das Fell und sitzt gerne auf dem Schemel, während Trin Jans von der bösen Mordtat ihres Vaters erzählt. Der Kater hat etwas Dämonisches an sich: Einerseits ist er ein liebevolles Haustier, an dem sich Trin Jans nachts wärmt, andererseits ist er ein blutdürstiges Raubtier, das Hauke angreift. In dieser Doppeldeutigkeit von friedlichem und unberechenbarem, zerstörerischem Verhalten gleicht er dem Meer – und Hauke selbst.

Der **Schimmel** ist Leitmotiv der Erzählung. Durch Haukes Fütterung gedeiht das Pferd und es entwickelt sich ein fast symbiotisches Verhältnis zwischen Tier und Mensch. Pferd und Reiter scheinen „völlig eins" (S. 85) zu sein. Symbolisch wird so

dargestellt, dass der Verstand des Menschen und die Triebhaftig-
keit des Tieres zu einem neuen, unheimlichen Wesen geworden
sind. Reiter und Pferd bleiben vereint bis in den Tod, als Hauke
den Schimmel zwingt, sich mit ihm in die Fluten zu stürzen.

Für Hauke bedeutet der Schimmel eine Ausweitung seines
Handlungsraums. Mit seiner Hilfe kann er schnell überall am
Deich sein und die Arbeiter streng beaufsichtigen. Er ist für ihn
jedoch nicht nur ein Mittel zu schneller Fortbewegung, sondern
er gewinnt auf ihm und durch ihn Macht. Diese wird symbolisch
deutlich, wenn er von seinem erhöhten Sitz aus auf die Arbeiter
heruntersieht, sie antreibt und seine Forderungen stellt. Damit
erhebt er sich über seine Mitbürger. Auch aus Angst vor dem
Pferd wagen sie es nicht, sich Hauke zu widersetzen. Sie sehen
in dem Schimmel ein Mittel zu ihrer Unterdrückung.

Das Todesmotiv

Schon die Landschaft wird zum Bild des Todes: Hauke sieht als
Kind vom Deich aus „zu seiner Linken die leere, weite Marsch".
Auf der anderen Seite liegt „der unabsehbare Strand mit seiner
jetzt vom Eise schimmernden Fläche der Watten; es war, als
liege die ganze Welt in weißem Tod" (S. 15).

Ein Netz von offenen oder versteckten Hinweisen auf den
Tod liegt über dem gesamten Geschehen und vermittelt dem
Leser eine **düstere, bedrohliche, todesnahe Stimmung**. Sie
wird verstärkt durch die zahlreichen Todesfälle, von denen direkt
erzählt wird: vom Tod Tede Haiens, dem Tod des alten Deichgrafen, dem Tod von Trin Jans, von Haukes Frau Elke und seiner
Tochter Wienke während der Sturmflut und schließlich von
Haukes eigenem Tod. Hinzu kommen noch indirekte Erwäh-
nungen von Todesfällen. Angetriebene Leichen werden gefunden, Trin Jans' Sohn ist ertrunken, Jewe Manners stirbt, Hauke
tötet den Kater, der gelbe Hund soll als Opfer getötet werden,
eine Schafherde stirbt auf der Hallig, ein Pferdegerippe wird

gesehen, das sich zurückverwandelt, und Haukes Pferd zertritt am Schluss die Möwe.

Zu Beginn der Erzählung kann der Leser die Überzeugung gewinnen, dass der Tod zum Leben dieser Menschen gehört. Dies sieht auch der junge Hauke so. Statt der Geister von Toten erkennt er nüchtern Fischreiher und Krähen im Nebel. Die Tötung des Angorakaters lässt sich ohne Probleme wieder gutmachen. Auch Elke geht sachlich mit dem Sterben um. Der Tradition entsprechend organisiert sie die Beerdigung ihres Vaters und richtet sich nach den Trauerbräuchen. Nach dem Tod von Haukes Vater hilft sie ihm im Haushalt. Der Tod beunruhigt nicht, er muss bewältigt werden. Später gewinnen die Todesfälle jedoch immer mehr eine beunruhigende Bedeutung: Das Pferdegerippe verwandelt sich anscheinend zurück in ein Pferd. Die letzten Worte der sterbenden Trin Jans sind schreckliche Andeutungen.

Storms Novelle enthält ein Geflecht von Motiven und Symbolen, die die Dichte und Eindringlichkeit des Textes bewirken. Die zentrale Bedeutung des Todesmotivs lässt sich vielleicht einmal von Storms pessimistischer Lebenseinstellung, dann aber auch von seiner tödlichen Krankheit während seiner Arbeit an der Novelle her erklären.

7 „Der Schimmelreiter" als Novelle

Der Begriff „Novelle" ist abgeleitet von dem italienischen Wort „novela" und bedeutet Neuigkeit. Unter einer Novelle versteht man eine Prosa-Erzählung mittlerer Länge, die ein **besonderes, ungewöhnliches Ereignis** aus dem Leben eines Menschen darstellt. Sie soll einen einzigen Konflikt geradlinig auf sein Ziel hinführen und ein Dingsymbol sowie einen Wende- und Höhepunkt enthalten.

Die Stellungnahme des Erzählers kann durch einen Rahmen ermöglicht werden, der die Glaubwürdigkeit durch tatsächliche oder erfundene Quellen unterstützt. Die **Verwandtschaft der Novelle zum Drama** ist oft näher als die zum Roman, da sie Kernszenen mithilfe wörtlicher Rede dramatisch gestaltet. Storm bezeichnet die Novelle, wie er sie versteht, deshalb auch als die „Schwester des Dramas".[19]

Obwohl Storms Erzählung Hauke Haiens gesamtes Leben behandelt und nicht nur ein bedeutendes Ereignis daraus, kann man im weiteren Sinne von einer Novelle sprechen. Wichtige Merkmale treffen zu: Bedeutsame Lebensabschnitte Haukes werden einsträngig und zielgerichtet dargestellt. Das bedeutende Ereignis in seinem Leben ist der Deichbau.

Der **Konflikt** ist im *Schimmelreiter* allerdings doppelter Art. Der Hauptkonflikt ist der zwischen Hauke Haien und den Naturgewalten. Darin eingebettet ist der Konflikt zwischen ihm und den Dorfbewohnern. Als **Dingsymbole** kann man den Deich und auch den Schimmel ansehen. Wendepunkt des Geschehens ist die Situation, als Hauke wider besseres Wissen den Deich nicht reparieren lässt. Die Katastrophe ist die Sturmflut, die Haukes Familie und ihn selbst auslöscht.

Hinzu kommt, dass ein doppelter Rahmen die Distanzierung des Erzählers vom erzählten Gegenstand ermöglicht. Der Erzähler beruft sich außerdem auf Quellen für seine Darstellung. Das Besondere von Storms Erzählung ist, dass sie die realistische Ebene verlässt und in den Bereich des Fantastischen reicht. Deshalb kann man sie als fantastische Erzählung bezeichnen. Betont man die formale Besonderheit, ist sie eine Rahmenerzählung oder auch Rahmennovelle.

8 Interpretation von Schlüsselstellen

Hauke entdeckt den Schaden am Deich
(S. 122, Z. 10 – S. 124, Z. 24)

Als **ordnende Instanz** verfügt der Schulmeister-Erzähler über das Geschehen, rafft Zeiträume und setzt Akzente: Im Haus des Deichgrafen ist „Frieden" (S. 111) eingekehrt. Elke hat Trin Jans ins Haus genommen. Die Eltern haben sich eingestehen müssen, dass ihr Kind schwachsinnig ist. Der Erzähler beschreibt eine Idylle, wenn auch etwas trauriger Art: Die Menschen lebten „still beisammen". Wenn „das Kind nicht da gewesen" wäre, „hätte viel gefehlt" (S. 118). Aber er macht schon Vorausdeutungen auf die Katastrophe, z. B. durch Wienkes Frage, ob das Meer „über den Deich kommen" könne (S. 117).

Zu Beginn des neuen Abschnitts berichtet der Erzähler knapp von Haukes Krankheit. Es geht ihm eher um ihre Folgen: Sie hat bei ihm eine „Mattigkeit des Körpers" und des Geistes hinterlassen. Elke stellt besorgt fest, dass ihr Mann „allzeit leicht zufrieden" ist und „kaum derselbe Mann" wie früher zu sein scheint (S. 122, Z. 14 ff.). Mit diesem deutlichen Hinweis auf **Haukes Schwäche** und eingeschränktes Durchsetzungsvermögen will der Erzähler nicht nur dessen Verzicht auf die gründliche Ausbesserung des Deiches erklären und entschuldigen, sondern er schafft auch eine Atmosphäre, die kommendes **Unheil** befürchten lässt. Verstärkt wird diese noch durch den vorausdeutenden Hinweis, dass „auf einer Hallig eine Herde Schafe ertrunken und ein Stück vom Vorland abgerissen worden" sei (S. 122, Z. 25 ff.). Im Gegensatz zur bisherigen zeitraffenden Darstellung stellt er das folgende wichtige Geschehen im Wesentlichen zeitdeckend dar: Erzählzeit und erzählte Zeit fallen fast zusammen.

Nach einem starken nächtlichen Sturm inspiziert Hauke die Deiche. Der neue Deich ist unversehrt, aber an der Stelle, an der „der neue Deich auf den alten stößt, [...] wo früher der Priel den alten erreicht hatte [...], sah er in großer Breite die Grasnarbe zerstört [...] und in dem Körper des Deiches eine von der Flut gewühlte Höhlung, durch welche überdies ein Gewirr von Mäusegängen bloßgelegt war" (S. 123, Z. 2 ff.).

Hauke wird bewusst, dass er auf die besonders starke Gefährdung dieser Stelle beim Bau des neuen Deiches nicht genügend geachtet hat, obwohl Elke ihn darauf hingewiesen hatte (vgl. S. 71). Unruhig reitet er am Ufer hin und her, um den genauen Schaden festzustellen. Er sieht, was zu tun ist: Der alte Deich muss an dieser Stelle verstärkt und der Priel durch neue Dämme abgeleitet werden. Ihn schreckt jedoch der zu erwartende Widerstand des Dorfes wegen der ungeheuren Arbeit, die damit verbunden ist. Deshalb ist dieses Hin- und Herreiten hauptsächlich Ausdruck seiner „innere[n] Unruhe", die er „bändigen" will (S. 124, Z. 3 ff.).

Das Bestreben, sich zur Ruhe zu zwingen, drückt sich auch in seinem Verhalten dem Schimmel gegenüber aus, dessen Wildheit Hauke kaum beherrschen kann. Das Pferd „drängte vorwärts", aber Hauke „drückte" es zurück (S. 124, Z. 1 ff.). Nur mit Mühe gelingt es ihm also, seine Befürchtungen hinsichtlich der Folgen des Schadens zu kontrollieren. In dieser Situation ist der Deichgraf nicht wie früher Herr und Ausgangspunkt des Geschehens, sondern er sieht sich in die **Defensive** gedrängt.

Von der Außenperspektive verlagert sich der Standpunkt des Erzählers immer mehr nach innen. Das auktoriale Erzählen wandelt sich zum **personalen Erzählen**, und zwar zur erlebten Rede, zur Wiedergabe von Haukes Gedanken in indirekter Form. So versetzt der Erzähler den Leser nach und nach in die „Seele des Deichgrafen" (S. 123, Z. 26) und lässt ihn an seinen Befürchtungen und Ängsten teilnehmen. Weitgehend aus dieser Innenperspektive heraus beschreibt er, was in Hauke vorgeht, als er an die Folgen seiner Entdeckung denkt.

Der Satzbau dieses Abschnitts (vgl. S. 124, Z. 5–18) spiegelt die seelische Lage des Deichgrafen wider. In einem kurzen Einschub (S. 124, Z. 5 ff.) taucht in der Erinnerung Haukes die Sturmflut von 1655 mit ihren tödlichen und zerstörerischen Folgen auf. Dann wird der einleitende Nebensatz wieder aufgenommen und inhaltlich verallgemeinert: Eine solche Flut hat es schon „mehrmals" gegeben. Der Nebensatz bleibt unvollständig: Hauke wagt nicht, seine schrecklichen Gedanken an eine neue verheerende Sturmflut zu Ende zu denken.

Nach einem kurzen Hinweis auf Haukes erregten Zustand (vgl. S. 124, Z. 8 f.) versetzt sich der Erzähler wieder in Haukes Denken hinein. Der Deichgraf weiß, was bei einer neuen Sturmflut geschehen würde: Der alte Deich würde brechen, die „Hochflut" würde den alten Koog mit „Gut und Leben" vernichten. Hauke kennt die einzige Möglichkeit, diese Katastrophe „vielleicht" zu verhindern: Der neue Deich müsste „durchstochen" und sein Koog „preisgegeben" werden (S. 124, Z. 16 ff.). Wieder beschreibt der Erzähler Haukes seelischen Zustand: Er ist in seiner inneren Existenz betroffen und wagt nicht, den Gedanken, seinen Deich opfern zu müssen, bewusst zu denken, doch „in ihm sprach es stark genug" (Z. 16). Sein Unterbewusstsein lässt sich nicht unterdrücken.

Ausrufezeichen, Gedankenstriche, eine rhetorische Frage, die Aneinanderreihung kurzer Haupt- und eingeschobener Nebensätze machen die **Sprache** dieses Abschnitts unruhig und gefühlsbetont. Dadurch drückt sie Haukes innere Erschütterung aus. Der sonst objektiv berichtende Erzähler tritt weitgehend zurück und versetzt sich in Haukes Bewusstsein. Dessen Gedanken und Gespräche mit sich selbst erlebt der Leser unmittelbar. Die vermittelte Wirklichkeit wird aus Haukes Perspektive gesehen und ist somit weitgehend subjektiv.

Im folgenden Absatz findet der Erzähler zu seiner distanzierten Haltung zurück. Zuerst gibt er wieder, was sich in Hauke abspielt: Dessen Befürchtungen sind so stark, dass er schon eine Vision der „stürzende[n] Hochflut" (S. 124, Z. 19) mit ihren zerstörerischen Folgen hat. Dann beschreibt er Haukes Verhalten. Dieser ergreift wieder die Initiative: Er gibt seinem Pferd die Sporen und reitet nach Hause. Seine innere Unruhe lässt ihn aber auch dort nicht los. Er wagt es nicht, Elke von seiner Entdeckung zu berichten, obwohl sie merkt, dass mit ihm etwas nicht stimmt, und geht in den Dorfkrug zu den Deichgevollmächtigten, um sie zur Ausbesserung des Schadens zu veranlassen.

Dieser Erzählabschnitt hat die Aufgabe, die im Drama dem **Wendepunkt** zukommt: Er gestaltet den entscheidenden Umschwung der Handlung zur Katastrophe hin, also zur Sturmflut und damit zum Tod Haukes und seiner Familie.

Die Natur in der Nacht der Katastrophe (S. 132, Z. 6 – S. 137, Z. 30)

Der letzte Geschehensabschnitt, in dessen Mittelpunkt die **Katastrophe** steht, beginnt wieder mit einer Zeitangabe: „Es war vor Allerheiligen, im Oktober." Der Erzähler beschreibt die aufgewühlte Natur. Die Umrisse der Landschaft lösen sich auf – innerhalb der tobenden Elemente scheint es keinen festen Standpunkt mehr zu geben.

Der Erzähler dynamisiert das Geschehen bis zum Äußersten, als Hauke sich entschließt wegzureiten (vgl. S. 134, Z. 20 ff.). Wie nach der Entdeckung des Deichschadens drängt auch jetzt der Schimmel vorwärts. Er ist „wie toll", steigt „mit den Vorderhufen in die Höhe" und jagt mit Hauke davon (S. 134, Z. 29 ff.). Ziel ist nicht mehr ein konkreter Ort wie der Deich, sondern der unbegrenzte Bereich von „Nacht und Sturmgeheul" (S. 135, Z. 1). Inmitten dieser dynamisch-chaotischen Kräfte und in dieser Unendlichkeit wirkt der Mensch verloren.

Akustische Sinneseindrücke häufen sich: Man hört nur „das Brüllen des Sturmes und das ferne Klatschen des Meeres", es

„tönte und donnerte, als solle die ganze Welt in ungeheuerem Hall und Schall zugrunde gehen" (S. 135, Z. 11 f. und Z. 26 ff.). Optische und akustische Eindrücke steigern sich zu einer unfassbaren Bewegung: „Wie eine wilde Jagd trieben die Wolken am Himmel; [...] von dem Wasser [...] kam ein dumpfes Tosen, als müsse es alles andere verschlingen." (S. 136, Z. 3–8)

Alles Feste und jeder Halt werden durch eine ungeheure Energie vernichtet. Land und Meer scheinen nicht mehr voneinander getrennt zu sein: Hauke sieht nur noch „Berge von Wasser [...], die in der furchtbaren Dämmerung sich übereinander zu türmen suchten [...]." Der Erzähler vergleicht das Getöse des Elements mit dem „Schrei alles furchtbaren Raubgetiers der Wildnis" (S. 137, Z. 12 ff., 17 f.). In dieses **Chaos** ordnet sich das kaum zu bändigende Pferd ein. Jetzt erkennt Hauke demütig die **Grenzen des menschlichen Einflussbereichs**. Ihm scheint, „als sei hier alle Menschenmacht zu Ende; als müsse jetzt die Nacht, der Tod, das Nichts hereinbrechen" (S. 137, Z. 21 ff.).

Für einen Augenblick bricht der Stolz auf sein Werk bei ihm durch: Er sieht, dass „sein Deich" (S. 137, Z. 27) Bestand hat, und verhindert dessen Durchstechen. Noch inmitten der Katastrophe, als schon der alte Deich gebrochen ist, stellt Hauke erneut die Unverletztheit des neuen Kooges fest und freut sich über seine Leistung.

Ein „donnerartiges Rauschen" zu seinen Füßen reißt ihn schließlich aus seinen „Träumen" (S. 141, Z. 29 f.) und führt ihn wieder in die Realität zurück: Der alte Koog wird überflutet, seine Frau und seine Tochter kommen um und er sieht keinen anderen Ausweg mehr, als sich selbst ins Meer zu stürzen.

In diesem letzten Sinnabschnitt ist die **Natur** nicht Rahmen oder Hintergrund des Geschehens, das der Mensch beherrscht, sie spiegelt auch nicht nur sein Inneres, sondern sie ist wie nie zuvor eine **dynamische, unbeherrschbare Macht**, der der Mensch hilflos ausgeliefert ist.

Werk und Wirkung

Wirkungsgeschichte

Theodor Storms *Schimmelreiter* findet von Anfang an starken Widerhall, obwohl der Verkauf recht schleppend ist. Seine Freunde äußern sich nach dem Erscheinen der Novelle noch zu seinen Lebzeiten positiv, ja sogar begeistert. Ein Kritiker spricht von einer „hinreißenden Sinfonie des Meeres".[20]

Die **Zeitgenossen** erkennen allerdings noch nicht den wahren Wert der Erzählung. Schon gleich nach Erscheinen der Buchausgabe nach Storms Tod wird Kritik laut. Man sieht die Stärke der Novelle in der Darstellung der Charaktere, ihre Schwäche in dem Einbeziehen des Dämonischen. Im Gegensatz dazu hebt ein anderer Kritiker Storms Leistung in der Darstellung des Spukhaften hervor und nennt sie ein „Muster- und Meisterstück".[21]

Die **weitere Wirkung** von Storms Novelle ist unterschiedlich. Schon zu seinen Lebzeiten bildet sich eine „deutschtümelnde" Storm-Legende.[22] Storms Dichtung wird verharmlost und als „deutsch-gemüthlich"[23] angesehen, weil sie nur im engen Raum, in der Provinz spielt. Besonders den *Schimmelreiter* bezeichnet man als „durchaus Deutsch".[24] Diese Betonung des Heimatlich-Deutschen verbindet sich um die Jahrhundertwende mit der gründerzeitlichen Bewunderung des Tatkräftig-Männlichen. Zu Beginn des 20. Jahrhunderts sieht man bei Storm eine deutsch-nationale Gesinnung und 1920 stellt ein Literaturhistoriker Storms „nordische Züge" heraus.[25]

Bis in die **dreißiger Jahre** wird Storms Novelle weitgehend ideologiefrei in der Schule behandelt. Im Mittelpunkt stehen Themen wie Landschaft, Deichbau, dörfliches Leben oder aber die menschlichen und fantastischen Gesichtspunkte. Mit dem **Nationalsozialismus** ändert sich dies ab 1933 schnell. Jetzt bringt man die Stammes- und Volkstumsideologie in die Schule hinein: *Der Schimmelreiter* wird „aufgenordet".[26] Hauke Haien gilt als Verkörperung des nordischen Leistungs- und Herrenmenschen mit seinem Kampfeswillen und seiner Schöpferkraft, des Führers, der den Kampf gegen die Trägheit der Dorfbewohner führt. Die Novelle wird so „zur Blut-und-Boden-Dichtung nordischer Prägung" verfälscht.[27]

Diese Deutungen halten sich, leicht abgewandelt, bis in die Jahre **nach dem Zweiten Weltkrieg**. Seit dieser Zeit finden Storms Werke weite Verbreitung und er wird zum viel gelesenen Dichter. Die nationalsozialistische Ideologie wirkt jedoch nach. Noch 1955 schreibt ein namhafter Literaturwissenschaftler von der „einsamen Führergestalt Hauke Haiens" und urteilt über die Novelle: „Landschaft und Menschentum der Nordseeküste, Unruhe, Reichtum und Gefahr der nordischen Seele sind hier […] ins dichterische Wort gebannt und in den dauernden Besitz des deutschen Geistes gehoben worden."[28] Für einen anderen Literaturwissenschaftler ist Hauke der große Mensch, der „ohne Schutz und Trost" bleibt, „einsam als Geopferter, dem rätselhaft Paradoxalen des Schicksals gegenüber".[29]

Aber allmählich erfolgt eine **neue Schwerpunktsetzung**. Man sieht eine Beziehung zu Goethes Faust, der als alter Mann dem Meer Land abringen will. Hauke wird auch als der Übermensch der Gründerzeit gedeutet, der an seinen rückständigen und abergläubischen Mitbürgern scheitert. Immer mehr stellen die Interpreten allerdings das realistische Milieu sowie psychologische und soziologische Gesichtspunkte in den Mittelpunkt ihrer Deutung.

Nicht nur das Verhalten der Dorfbewohner, sondern auch die Figur Hauke Haiens wird immer differenzierter betrachtet. Man sieht eine persönliche Schuld des Helden. Sie liege nicht allein in seinem Versagen bei der Reparatur des alten Deichs und in seiner Weigerung, den neuen Deich durchstechen zu lassen,

sondern grundsätzlich in seiner Überheblichkeit und seiner Unfähigkeit, mit den Dorfbewohnern gemeinsam den Deichbau
durchzuführen. Erst kurz vor seinem Tod wandle er sich vom
„Egozentriker" zum „Mitmenschen". In der Überwindung seiner
Ich-Besessenheit werde Hauke „fähig zur eigenverantwortlichen
sittlichen Entscheidung". Sein selbstgewählter Tod bedeute „Bekenntnis zur eigenen Schuld". Heute müsse man die „Fragwür-
digkeit des Heldischen" herausarbeiten.[30]

Verfilmungen

Zur Wirkungsgeschichte der Novelle gehören auch die Verfilmungen. Der älteste Film stammt aus dem Jahr **1933/34**. Unter der Regie von Curt Oertel und Hans Deppe spielen Marianne
Hoppe und Matthias Wiemann die Hauptrollen. Dieser Film
zerstört durch seine nationalsozialistische Zielsetzung die Erzählabsicht Storms. Das Mystische, Abergläubische fällt zugunsten der Blut-und-Boden-Ideologie weitgehend weg. Dargestellt
wird der heroische Lebenskampf des Deichgrafen als einsam-
kämpferischer Anführer unter ausdrücklicher Betonung des Führerprinzips. Mit dem todesmutigen Opfer des großen Einzelnen
für die Gemeinschaft endet der Film. Das schwachsinnige Kind
des Deichgrafen wird weggelassen, wohl weil es unwürdig ist,
dass ein heroischer Übermensch ein solches Kind hat.

Der Film wurde als nationalsozialistischer Propagandafilm
zur Verherrlichung des Führerprinzips gedreht und erhielt von
Goebbels' Propagandaministerium das Prädikat „besonders
wertvoll". Er wurde auch nach 1945 noch mehrfach wegen seiner formalen Qualität und der schauspielerischen Leistungen im
Fernsehen gezeigt.

Der zweite Film stammt aus dem Jahr **1977/78**. Die Regie
führte Alfred Weidemann, Hauptdarsteller ist der amerikanische
Cowboy-Darsteller John Phillip Law. Eine Reihe damals promi-
nenter deutscher Schauspieler machen den Film von seiner Be-

setzung her attraktiv: Gert Fröbe spielt den alten Deichgrafen, Linda Carstens die Trin Jans und Vera Tschechowa die Vollina Harders. Auch dieser Film, der zuerst in Husum aufgeführt wird, findet vorwiegend negative Kritiken: Das Buch springe zu sorglos mit der Vorlage um. Das Geschehen reduziere sich auf die „Gattung des westernartigen Abenteuerfilms".[31] Der bei Storm so schüchterne Hauke wird zum Draufgänger, die dicke Vollina zur aparten Verführerin, das Kind stirbt bei der Geburt. Storms karge Dialoge werden ausgeweitet, das Eisboseln durch einen dramatischen Reiterwettbewerb ersetzt. Diese Umformungen und Aktualisierungen zeigen einen spannenden Film, nicht aber die von Storm gestalteten Hintergründe und Schwierigkeiten menschlicher Beziehungen. Die Atmosphäre der Erzählung ist nicht getroffen, die Personen verhalten sich zum Teil zu künstlich und die Bedrohung durch das Meer ist nicht glaubwürdig dargestellt. Kritisiert wurde auch, dass die historische Kleidung der Personen die Geschichte zur billigen Kostümschau mache.

1984 wurde die Novelle in einer Gemeinschaftsproduktion der DDR mit dem polnischen Fernsehen zum dritten Mal verfilmt, und zwar in der Weichselmündung und in Stralsund mit deutschen und polnischen Schauspielern. In der DDR-Kritik fand er eine positive Aufnahme. Hauke Haien wird als sozialistischer Held der Arbeit gesehen. Der Rahmen wird beibehalten, die Erzählung des Schulmeisters beginnt aber erst bei Haukes Eintritt beim Deichgrafen als Kleinknecht, die Wienke-Handlung wird wieder ausgespart.

Die Verfilmungen der *Schimmelreiter*-Erzählung zeigen, dass eine filmische Umsetzung notgedrungen an der Oberfläche bleiben muss, denn die bei Storm eindrucksvoll gestalteten psychologischen und gesellschaftlichen Gesichtspunkte können nicht genügend berücksichtigt werden. Hinzu kommt, dass wegen der relativen Eindeutigkeit der Inszenierungen die **Vieldeutigkeit des Leser-Verständnisses** auf der Strecke bleibt.

Literaturverzeichnis

Verwendete Textausgabe

STORM, THEODOR: *Der Schimmelreiter*. Mit Anmerkungen von Hans Wagener. Stuttgart: Philipp Reclam jun. 2001 (RUB 6015).

Briefausgabe

STORM, THEODOR: *Briefe*. 2 Bde. Berlin und Weimar: Aufbau 1972.

Empfehlenswerte Sekundärliteratur

STORM, GERTRUD: *Theodor Storm. Ein Bild seines Lebens. 2 Bde.* Berlin: Curtius 1913. Reprint: Hildesheim: Olms 1991.
  Erinnerungen von Storms Tochter Gertrud an ihren Vater, die ein anschauliches Bild seines Lebens und seiner Familie aus eigenem Erleben vermittelt. Gute Hinweise zur Entstehung der Novelle.

FREUND, WINFRIED: *Heros oder Dämon? Theodor Storm, Der Schimmelreiter (1888).* In: Winfried Freund (Hrsg.): *Deutsche Novellen. Von der Klassik bis zur Gegenwart.* München: Fink 1993 (UTB S 1753), S. 187–198.
  Gute, zeitgemäße Interpretation der Novelle. Hauke wird nicht mehr ungebrochen als Held gesehen, sondern als Typ des rein ichbezogenen Helden, der an seinem Unvermögen zu sozialem Handeln und Verhalten scheitert und sich im Angesicht des Todes vom Egozentriker zum Mitmenschen wandelt.

HOFFMANN, VOLKER: *Theodor Storm. Der Schimmelreiter.* In: *Interpretationen und Novellen des 19. Jahrhunderts, Bd. 2.* Stuttgart: Philipp Reclam jun. 1997 (RUB 8414), S. 333–370.
Umfangreiche und interessante Interpretation der Novelle, in deren Mittelpunkt die Deutung der formalen Besonderheiten der Rahmung und des Teufelspaktes steht. Auch diese Interpretation tendiert nachvollziehbar zur Relativierung des Heldenbildes.

VINÇON, HARTMUT: *Theodor Storm mit Selbstzeugnissen und Bilddokumenten.* Rowohlt: Reinbek bei Hamburg: [15]1999 (Rowohlts Bildmonographien 50186).
Interessant geschriebene Darstellung von Storms Leben und Werken unter sozialkritischen Aspekten mit vielen Selbstzeugnissen und zahlreichen Bildern. Gute zusammenfassende Kurzinterpretationen der Werke und auch des *Schimmelreiter.*

WAGENER, HANS: *Theodor Storm. Der Schimmelreiter. Erläuterungen und Dokumente.* Stuttgart: Philipp Reclam jun. 2001.
Umfangreiche Materialsammlung zur Novelle mit sehr genauen Wort- und Sacherklärungen, Dokumenten zur Entstehungs- und Wirkungsgeschichte, Quellen, Hinweisen zur Theorie der Novelle und ausführlichen Literaturangaben. Gute Ergänzung zu einer vertieften Lektüre der Novelle.

Anmerkungen

1 Storm, Gertrud: *Theodor Storm. Ein Bild seines Lebens. Bd. 2.* Berlin 1913, S. 247.

2 Zit. n. Wagener, Hans: *Theodor Storm. Der Schimmelreiter. Erläuterungen und Dokumente.* Stuttgart 2001, S. 44.

3 Zit. n. Wagener, S. 45.

4 Zit. n. Wagener, S. 42.

5 Storm, Gertrud, S. 228.

6 Storm, Theodor: *Briefe, Bd. 1.* Berlin, Weimar 1972, S. 39.

7 Vgl. Holander, Reimer Kay: *Theodor Storm. Der Schimmelreiter. Kommentar und Dokumentation.* Frankfurt, Berlin, Wien 1976, S. 83 ff.

8 Storm, Theodor: *Sämtliche Werke in vier Bänden.* Hrsg. v. Peter Goldammer. Bd. 4. Berlin, Weimar [5]1982, S. 405.

9 Storm, *Briefe, Bd. 1*, S. 39.

10 Storm, *Briefe. Bd. 1*, S. 382.

11 Vgl. zum Schauplatz Laage, Karl: *Der Schimmelreiter/Sylter Novelle. Text, Entstehungsgeschichte, Quellen, Schauplätze, Abbildungen.* Heide 1970, [6]1999, S. 156.

12 Vgl. Holander, S. 84.

13 Storm, *Briefe, Bd. 2*, S. 386.

14 Schuster, Ingrid: *Theodor Storm. Die Zeitkritische Dimension seiner Novellen.* Bonn 1971 (Studien zur Germanistik Bd. 12), S. 178.

15 Reimann, Birgit: *Zwischen Harmoniebedürfnis und Trennungserfahrung: Das menschliche Naturverhältnis in Theodor Storms Werk.* Stuttgart 1995, S. 251.

16 Wagener, S. 28.

17 Vgl. Hoffmann, Volker: *Theodor Storm, Der Schimmelreiter.* In: *Erzählungen und Novellen des 19. Jahrhunderts. Bd. 2.* Stuttgart 1997, S. 346.

18 Martini, Fritz: *Deutsche Literatur im bürgerlichen Realismus 1848–1898.* Stuttgart 1962, S. 663.

19 Zit. n. Wagener, S. 117.

20 Zit. n. Holander, S. 101.

21 Zit. n. Wagener, S. 84.

22 Vinçon, Hartmut: *Theodor Storm mit Selbstzeugnissen und Bilddokumenten.* Reinbek bei Hamburg ⁶1999, S. 156.

23 Zit. n. Vinçon, S. 156.

24 Zit. n. Vinçon, S. 158.

25 Zit. n. Holander, S. 99.

26 Holander, S. 100.

27 Zit. n. Holander, S. 102.

28 Stuckert, Franz: *Theodor Storm. Sein Leben und seine Welt.* Bremen 1955, S. 405, 412.

29 Martini, S. 664.

30 Freund, Winfried: *Heros oder Dämon? Theodor Storm, Der Schimmelreiter (1888).* In: Freund, Winfried (Hrsg.): *Deutsche Novellen. Von der Klassik bis zur Gegenwart.* München 1993, S. 196, 198.

31 Wagener, S. 111.